# विजय तेन्दुलकर

**जन्म :** 6 जनवरी, 1928। मराठी के आधुनिक नाटककारों में शीर्षस्थ विजय तेन्दुलकर अखिल भारतीय स्तर पर प्रतिष्ठित एक महत्त्वपूर्ण नाटककार थे। 50 से अधिक नाटकों के रचयिता तेन्दुलकर ने अपने कथ्य और शिल्प की नवीनता से निर्देशकों और दर्शकों, दोनों को बराबर आकर्षित किया। पूरे देश में उनके नाटकों के अनुवाद एवं मंचन हो चुके हैं। हिन्दी में उनके 30 से अधिक नाटक खेले जा चुके हैं।

'खामोश! अदालत जारी है', 'घासीराम कोतवाल', 'सखाराम बाइंडर', 'जाति ही पूछो साधु की' और 'गिद्ध' आदि बहुचर्चित-बहुमंचित नाटकों के अलावा उनकी प्रमुख नाट्य रचनाएँ हैं : 'अंजी', 'अमीर', 'कन्यादान', 'कमला', 'चार दिन', 'नया आदमी', 'बेबी', 'मीता की कहानी', 'राजा माँगे पसीना', 'सफ़र', 'नया आदमी', 'हत्तेरी क़िस्मत', 'आह', 'दंभद्वीप', 'पंछी ऐसे आते हैं', 'काग विद्यालय', 'काग़ज़ी कारतूस', 'नोटिस', 'पटेल की बेटी का ब्याह', 'पसीना-पसीना', 'महंगासुर का वध', 'मैं जीता मैं हारा', 'कुत्ते', 'श्रीमंत' आदि।

विजय तेन्दुलकर के नाटकों में मानव जीवन की विषमताओं, स्वाभाविक व अस्वाभाविक यौन सम्बन्धों, जातिगत भेदभाव और हिंसा का यथार्थ चित्रण मिलता है। उनके अधिकांश पात्र मध्यम एवं निम्न मध्यमवर्ग के होते हैं और उनके विभिन्न रंग इन नाटकों में आते हैं।

**निधन :** 19 मई, 2008

# विठ्ठला

विजय तेन्दुलकर

अनुवाद
सुषमा बक्षी

राजकमल पेपरबैक्स

पहला पुस्तकालय संस्करण
राजकमल प्रकाशन प्राइवेट लिमिटेड द्वारा
2008 में प्रकाशित

राजकमल पेपरबैक्स में
**पहला संस्करण** : 2019



---

**राजकमल पेपरबैक्स** : उत्कृष्ट साहित्य के जनसुलभ संस्करण

---

राजकमल प्रकाशन प्रा. लि.
1-बी, नेताजी सुभाष मार्ग, दरियागंज
नई दिल्ली-110 002
द्वारा प्रकाशित

**शाखाएँ** : अशोक राजपथ, साइंस कॉलेज के सामने, पटना-800 006
पहली मंजिल, दरबारी बिल्डिंग, महात्मा गांधी मार्ग, इलाहाबाद-211 001
36 ए, शेक्सपियर सरणी, कोलकाता-700 017

वेबसाइट : www.rajkamalprakashan.com
ई-मेल : info@rajkamalprakashan.com

बी.के. ऑफसेट
नवीन शाहदरा, दिल्ली-110 032
द्वारा मुद्रित

**मूल्य** : ₹125

VITHTHALA
*Play by* Vijay Tendulker
*Translated by* Sushma Bakshi

ISBN : 978-93-88183-96-3

विठ्ठला

# पहला अंक

## दृश्य : एक

*[पर्दा उठते ही मंच पर दर्शकों की दाईं तरफ़ रखी सीढ़ी पर रोशनी आती है। बाकी मंच अँधेरे में। सीढ़ी के ऊपरी छोर पर एक अभिनेता बैठा है—एक भिखारी के भेष में, जिसके चेहरे पर उग्रता और झुर्रियाँ इतनी कि मानो वक्त उसे भूलकर आगे चला गया हो। कुछ देर तक वह अपने-आप में खोया रहता है। फिर वह धीरे से घूमकर दर्शकों की तरफ देखता है। उसकी हरकत में एक अजीब-सा ठंडापन है। वह भूत है। कुछ पल दर्शकों को घूरकर फिर बोलने लगता है :]*

**भूत :** *(एक-एक शब्द धीरे से बोलते हुए)* भूत बेवजह किसी को दर्शन नहीं देते और दर्शन की वजह तो शायद ही बनती है। फिर भी भूत के किस्से सुनना और सुनाना इनसानों का पसंदीदा खेल रहा है। हर इनसान अपनी-अपनी जरूरतों के अनुसार अपना-अपना भूत गढ़ता है। किसी का भूत उलटे पैरों का होता है तो किसी के भूत की आँखें बाहर होती हैं। किसी का भूत सिर्फ कंकाल होता है तो क़िसी का एकदम पारदर्शी। हर एक का अपना अलग भूत...पर सौ फीसदी मनगढ़ंत, काल्पनिक। भूत की असलियत कोई नहीं जानता।

मरकर बचे हुए इनसान होते हैं भूत। इसीलिए करीब-करीब इनसानों की तरह ही होते हैं या फिर ऐसे—मेरे जैसे। फ़र्क सिर्फ इतना कि इनसानों को कल

की आशा जिलाए रखती है, तो भूत को उसकी अधूरी आशाएँ पूरा मरने नहीं देतीं।

तो यह एक इनसान और भूत की कहानी है। इनसान वहाँ *(मंच के जिस हिस्से में अँधेरा है उस ओर इशारा करके)* उस घर में रहता था और भूत यहाँ...इस पीपल के पेड़ पर।

दिन के आठों पहर भूत को 'नामा' नामक दर्ज़ी को देखना पड़ता था, सुनना पड़ता था। हालाँकि नामा के साथ भूत का कोई लेना-देना नहीं था, फिर भी उसकी 'नामा दर्ज़ी' के विषय में रुचि बढ़ने लगी और उसका जो मनोरंजक तथा क्लेशदायक नतीजा निकला, उसी का मंचन अब यहाँ होगा।

*[मंच पर रोशनी आती है और नामा दर्ज़ी का घर नज़र आता है। घर क्या है—झोंपड़ी है। जैसे पीपल का पेड़ दर्शाने के लिए सीढ़ी का प्रयोग किया गया है, वैसे ही झोंपड़ी दिखाई जा सकती है। बस, झोंपड़ी की तरह लगे, इतना ही काफी है।*

*घर के बरामदे में नामा दर्जी एकतारी पर अभंग गाने में मग्न है। आवाज़ सुनाई नहीं देती...बस, भाव नज़र आते हैं।]*

ये कहानी एक भूत के नज़रिए से आपके सामने आएगी। सो इसमें जो स्थान-काल के बदलाव आएँगे वो भूत ही करेंगे। ये भूत असली हैं...मनगढ़ंत नहीं, और इसीलिए डरावने नहीं हैं। इन्हें आपको नज़रअंदाज़ करना है। ज़रूरत पड़ने पर वे यहाँ आएँगे, अँधेरे में अपने-अपने काम निबटाकर चल देंगे। *(यह सूचना मंच पर दृश्य परिवर्तन करनेवाले काले कपड़े पहने हुए इनसानों के लिए)* मुझे? मुझे नज़रअंदाज़ करना आपके लिए सम्भव नहीं है, तो अब नामा दर्ज़ी।

*[धीरे-धीरे भूत पर से रोशनी कम होती हुई नामा दर्ज़ी के घर पर फैल जाती है।]*

## दृश्य : दो

*[नामदेव दर्ज़ी अपने झोंपड़ीनुमा घर के बाहर बैठा एकतारी पर भजन गा रहा है। लोग आ-जा रहे हैं। उन्हें उसके भजन सुनते रहने की आदत हो चुकी है।]*

**नामा :** जागो जागो, भोर भई
चिन्ता हरे विठ्ठल माई।
दीन दुनी की परछाईं
पुकारते ही दौड़ी आई।
पंढरपुर भीमा तीरे
लागे सुन्दर मनोहर रे।
दोहों पर राख कटी
दरसन की जोहे बाटी।
किरिट-कुंडल मंडित
छब ऐसी सुन्दर सोहत।
वैजयंती विराजत गले
तिस पर तुलसीमाला डोले।
सुन्दर मुरत सगुण साँवरी
कंठ कौस्तुभ एकावली।
केसर-उटी परिमल भाए
भाल बुका सुहाए।

**आदमी-1 :** *(रुककर)* नामा? साले, रात-दिन जाप करता रहता है। कपड़ा कौन सिएगा, तेरा बाप? आज महीना-भर हो गया, बंडी दी थी सिलने, अभी तक सिला नहीं है। साला,

जाप करने को समय है तेरे पास—काम करते वक्त साँप सूँघ जाता है! अब देख, परसों सुबह तक मेरी बंडी नहीं सिली तो या तो तू है या फिर मैं।

**नामा :** *(एक बार आँखें खोलकर फिर बन्द कर लेता है)* शिव-शिव...पांडुरंग...माई-बाप...*(फिर से भजन गाने लगता है।)*

**आदमी-1 :** परसों देखता हूँ तेरा माई-बाप। देखता हूँ, कौन आता है तेरी मदद करने! धन्धा दर्जी का और नाम क्या नामा हो गया कि अपने-आपको सन्त नामदेव समझने लगा है—हुँः! *(जाता है)*

**आदमी-2 :** नामा! किधर है साला भड़वा? *(कपड़ा नामा के आगे फेंकता है)* ये कुरता पहना अपने पांडुरंग को।

**नामा :** *(मजबूरी में आँखें खोलते हुए)* विठ्ठल...विठ्ठल...क्या हुआ?

**आदमी-2 :** हुआ तेरा श्राद्ध! किसके नाप का सिया तूने कुरता?

**नामा :** आपने जो दिया था, उसी नाप का...

**आदमी-2 :** हाँ...बदन में घुसना मुश्किल हो गया है। पहनने लगा तो आधा अन्दर, आधा बाहर। न मैं अन्दर घुस पा रहा था, न बाहर निकल पा रहा था। आदमियों को बुलवाकर खिंचवाया, तब जाकर निकला है—समझा?

**नामा :** कहीं आप...इस दौरान...

**आदमी-2 :** पन्द्रह दिन में? ज़बान सँभालके बात कर...क्या बक रहा है तू? साला, दर्ज़ी है या हज्जाम? आता-जाता कुछ नहीं...बस विठ्ठल, माई-बाप का राग अलापता रहता है। अब मेरा नुकसान कौन भरेगा—तेरा विठ्ठल?

**नामा :** उसे क्यों? खामखाँ।

**आदमी-2 :** हाँ-हाँ...उसे क्यों? सिरदर्द मोल लेने का शौक तो हमें चढ़ा था न!

**नामा :** माफ़ कर दीजिए...*(झुककर हाथ जोड़ता है)*

**आदमी-2 :** मैं कुछ नहीं देनेवाला। मेरा कपड़ा वापस कर दे, नहीं

तो मैं देखता हूँ, कैसे तेरा माई-बाप तुझे बचाता है।

*[और दो लोग आते हैं। हाथ में कपड़े।]*

**आदमी-3 :** पाजामा ढीला बना है।

**आदमी-4 :** ये तो कपड़ा ही मेरा नहीं है। मेरा कपड़ा कहाँ है?

**नामा :** शान्ति...शान्ति रखिए सज्जनो!

**आदमी-4 :** पहले कपड़ा कहाँ गया, बता? किसी भी कपड़े की बंडी सिलेगा तू?

**नामा :** जिसने दिया...वो ही ले गया होगा।

**आदमी-4 :** ले गया होगा? *(कमीज़ की बाँहें ऊपर खिसकाते हुए)* तू कपड़ा निकालता है या...

**आदमी-3 :** *(पाजामा दिखाते हुए)* ये आपका होगा। मेरे कपड़े से आपकी बंडी सिली दिखती है।

**आदमी-2 :** नामा...हरामख़ोर...!

*[सारे मिलकर नामा को पकड़ लेते हैं।]*

**आदमी-3-4 :** तेरी तो...आज तेरी हड्डी-पसली एक कर देंगे।

**नामा :** *(शान्ति से)* आप शरीफ़ लोग हैं। मेरी हड्डी-पसली एक करने से आपको अपना कपड़ा वापस मिलता है तो ज़रूर ऐसा कीजिए। बन पड़ा तो अपनी खाल के कपड़े बनवाऊँगा आपके लिए...

**आदमी-2 :** हमेशा का रोना है—या तो बड़ा सिलेगा, या फिर छोटा।

**आदमी-3 :** हुँः, खाल के कपड़े बनवाएगा...बात करता है!

**आदमी-4 :** ऊपर से हमें शरीफ़ कहकर चिढ़ा रहा है। नहीं चाहिए तेरी खाल के कपड़े। हमें हमारा कपड़ा लौटा दे, बस! चोर कहीं का!

**नामा :** शान्त...शान्त हो जाइए। सच्चे मन से माँगने से तो मोक्ष भी मिल जाता है तो कपड़ों की क्या बिसात है!

**आदमी-3 :** मोक्ष? ठहर जा, मैं ही तुझे मोक्ष दिलाता हूँ।

**नामा :** *(अन्दर की तरफ पुकारते हुए)* आवले...आवले...!

*[अन्दर से नामा की पत्नी आती है।]*

**पत्नी :** कितनी बार कहा, उस निगोड़े तुकाराम की औरत के नाम से मुझे मत पुकारा करो। मेरा नाम चन्द्रभागा है। जब देखो तब आवले...आवले...!

**नामा :** अरी, नाम में क्या रखा है! आत्मा तो अनामिक है।

**पत्नी :** मेरी आत्मा का नाम है—चं-द्र-भा-गा। बोलो, किसलिए आवाज दी थी? अन्दर बहुत काम पड़ा है।

**नामा :** अन्दर से ज़रा कपड़े लाकर इन लोगों को दे दो।

**पत्नी :** कौन-से कपड़े?

**नामा :** जो हैं, वो ले आओ।

**पत्नी :** लेकिन...

**नामा :** देखो तो, होंगे कुछ।

**पत्नी :** नहीं हैं।

**नामा :** *(उठकर)* मैं ही देखता हूँ...तब तक आप लोग...

*[अन्दर से कपड़े लाकर विनम्रता से लोगों के सामने रखता है। पत्नी तंग आ चुकी है।]*

**आदमी-1 :** ये कौन से कपड़े हैं?

**आदमी-2 :** हमारे जैसों के ही होंगे...और क्या!

**आदमी-3 :** यानी अब वो सिर पीटेंगे?

**आदमी-4 :** पीटने दो। ये हरामी और वो आपस में निबट लेंगे। भुगतने दो साले को अपने किए की सज़ा। हमें कपड़े मिलने से मतलब। चलो, उठाओ। मैं ये वाला ले रहा हूँ।

*[कपड़े उठाकर सभी चल देते हैं।]*

**नामा :** *(हाथ झिड़कते हुए)* विठ्ठल...विठ्ठल...

**पत्नी :** और जब इन कपड़ों के मालिक आएँगे, तब?

**नामा :** वो मेरा विठ्ठल देख लेगा। वो ही तो चलाता है दुनिया-जहान।

**पत्नी :** हाँ, और आपको भूल जाता है। घर में खाने को दाना नहीं और...

**नामा :** वो बनिया बैठा है न...बेचारा भला आदमी है। तू विनती करेगी तो उधार देने से मना नहीं करेगा।

**पत्नी :** हुँः! दूर से ही मुझे देखकर गला फाड़ने लगता है, जैसे कोई भूत देख लिया हो! कहता है, पहले पिछला हिसाब चुकता कर, इसके बाद ही यहाँ कदम रखना।

**नामा :** नारायण, नारायण! दुनियादारी से कौन बचा है! पर दिल का भला है वो। तुकोबा के परिवार से ही है। नाराज़ होगा, पर बाद में दे देगा। तुम फिर से एक बार जाकर देखो।

**पत्नी :** मैं नहीं जानेवाली। सबके सामने तमाशा बना देता है। ऊपर से एक ढंग का कपड़ा नहीं बचा ओढ़ने को। सारे फटफटा गए...*(कहते-कहते आँचल से आँखें पोंछने लगती है)*।

**नामा :** आवले, चोखोबा ने क्या कहा है? ऊपरी रंगत में क्या फँसे हो! अरी, गन्ना दिखने में कैसा होता है, पर उसका रस कितना मीठा होता है! कपड़ों में क्या रखा है! मन साफ़ होना चाहिए, आवले!

**पत्नी :** साफ़ कैसे होगा? कुएँ के मालिक ने पानी देने से मना कर दिया। कुत्ते की तरह भौंकने लगता है।

**नामा :** पानी के लिए मना कर रहा है वो? लेकिन पानी तो साक्षात् भगवान की देन है।

**पत्नी :** कहता है, तेरे आदमी को मस्ती चढ़ी है। काम नहीं करता। हम पानी नहीं देंगे।

**नामा :** मस्ती चढ़ी भी हो तो वो विठ्ठल भक्ति की मस्ती है। ठीक है, नदी तो है।

**पत्नी :** वो तो कब की सूख गई। एक बूँद पानी नहीं उसमें। भैंस भी नहीं भीगती।

**नामा :** *(चिन्तित)* ऐसा है?

**पत्नी :** अब कहिए—ठीक है, समुन्दर तो है! जाने किस जनम के पुण्य का फल है जो आपकी औरत बन बैठी हूँ।

**नामा :** अरी, ये सारे विठ्ठल के घर के हिसाब हैं। आव्...अच्छा-अच्छा, नहीं कहता। दुख करके भी क्या मिलेगा, चन्द्रभागा!

**पत्नी :** हाँ, ऐसा कहकर तो आप बैठ जाएँगे ताल ठोकने, लेकिन मैं क्या करूँ? ठीक है, मैं ही चली जाती हूँ मायके। लौटकर कभी नहीं आऊँगी, कहे देती हूँ। *(आँखों पर पल्लू)* फिर चाहे जितना पुकारते रहिए अपने उस विठ्ठल को। *(अन्दर जाने लगती है)*

**नामा :** आवले...

**पत्नी :** *(गुस्से में)* अब फिर से इस नाम से पुकारा तो मैं कुएँ में कूदकर जान दे दूँगी।

**नामा :** *(धीमे स्वर में)* वो भी, उस कुएँ का मालिक कहाँ करने देगा! जब पानी ही नहीं देता, तो कूदने क्या देगा? ऊपर से नदी भी सूख गई है।

**पत्नी :** *(मायके से लाया हुआ सामान लेने जाते हुए)* लो, मैं जा रही हूँ...मैं...वापस नहीं आऊँगी...हाँ। *(गुस्से में झोंपड़ी में चली जाती है)*

**नामा :** पांडुरंग...विठ्ठल...

**एक आवाज़ :** क्या है?

*[सीढ़ी पर यानी पेड़ पर बैठा हुआ भूत जवाब दे रहा है।]*

**नामा :** *(चौंककर यहाँ-वहाँ देखता है। 'वहम है' ऐसा सोचकर)* विठ्ठलजी...मेरे माईबाप।

**भूत :** क्या है नामा?

*[नामा अब डर जाता है। डर से यहाँ-वहाँ देखता है। कोई नज़र नहीं आता। आँखें मूँदकर भजन करने लगता है। बीच में ही धीरे-से आँखें खोलकर देखता*

*है। कोई नज़र नहीं आता। तभी एक ग़रीब औरत गोद में बच्चे को थामे जाने लगती है।]*

**औरत :** *(नामा की तरफ़ ध्यान जाता है तो रुक जाती है)* नामा...।

**नामा :** *(आँखें खोलकर)* पांडुरंग! किसने पुकारा?

**औरत :** मैं, जानकी।

**नामा :** कैसी हो जानकी आक्का?

**औरत :** नामा, बच्चा बहुत बीमार है। साँस चढ़ रही है। आँख ही नहीं खोलता। पानी भी नहीं पीता। क्या करूँ, समझ में नहीं आ रहा है। वैद की दवा की, तो रोग और बढ़ गया। मांत्रिक के पास भी गई थी। पर आज बहुत ही ज़्यादा परेशान है। *(आँखें पोंछते हुए)* पता नहीं, कल का सवेरा देखेगा भी या नहीं!

**नामा :** *(दुख से)* पांडुरंग...पांडुरंग...! आक्का, देखूँ तेरे बच्चे को!

*[औरत अपने बच्चे को दिखाती है।]*

**औरत :** तू दिन-रात भगवान का नाम लेता रहता है। देख न इसे, क्या हुआ है?

**नामा :** पांडुरंग...पांडुरंग...! *(बच्चे के बदन पर सात्त्विक गम्भीरता से दो बार हाथ फेरता है। उसके माथे और होंठों पर भभूत रखता है।)* पांडुरंग, पांडुरंग। *(आँखें मूँदकर)* विठ्ठल, विठ्ठल, विठ्ठल! *(एकदम सन्तों की तरह जाप करता रहता है)*

**औरत :** *(बच्चे की ओर देखकर)* कोई फर्क नहीं। क्या फ़ायदा रे तेरे ताल ठोकने का? इससे अच्छा किसी काम-धन्धे से लग। दर्जी का काम तो ढंग से कर।

**नामा :** *(थोड़ी झिझक के साथ)* मेरा विठ्ठल नाम का धन्धा, नामा विठ्ठल का बन्दा। जानकी आक्का, होनी को कौन समझ या जान सका है! तेरे बछड़े के नसीब में बचपन में ही मौत लिखी होगी तो...

**औरत :** *(गुस्से से)* नाम्या...तेरे मुँह में कीड़े पड़ें। मेरे बच्चे के लिए ऐसी अशुभ बात निकाल रहा है? तेरे बच्चे अनाथ हों...*(बच्चे को लेकर बड़बड़ाते हुए चली जाती है)*।

**नामा :** *(उसके जाने के बाद शान्ति से)* हमसे झूठ न बुलवाए... विठ्ठल...विठ्ठल।

**भूत :** ऐ नामा!

*[नामा फिर चौंकता है। यह वहम है या सच? वहम होगा भी तो कैसे? वह ध्यान से देखने लगता है। झोंपड़ी के भीतर से पत्नी की हँसी की आवाज़ सुनाई देती है। वह दौड़कर बाहर आती है। हाथ में कपड़ों का ढेर।]*

**पत्नी :** *(खुशी से पागल)* अजी...अजी...ये देखिए, ये सब क्या है! कितने कपड़े! हे भगवान, इतने सारे कपड़े! *(कपड़े नीचे रखकर उसमें से एक-एक उठाकर देखती है और हैरान होती है)* कैसा चमत्कार है ये! इसे देखिए, कितना नर्म है! और ये...कितना सुरसुरा है! इसका रंग देखिए, कैसे चम-चम कर रहा है! और तैयार पाजामा... नई बंडी!

**नामा :** आवले...!

**पत्नी :** *(बनते हुए)* चन्द्रभागा...*(फिर कपड़ों में खो जाती है)* हे भगवान...

**नामा :** *(कपड़े हटाते हुए)* किसके कपड़े हैं ये सब?

**पत्नी :** किसका मतलब? अपने ही! हटिए, इससे मैं चोली सिलवाऊँगी और इससे...इससे भी।

**नामा :** लेकिन इतने सारे कपड़े आए कहाँ से? वो भी इतने अच्छे? अभी तो घर में जितने थे, सब दे नहीं दिये थे क्या?

**पत्नी :** हाँ।

**नामा :** तो? ये कहाँ से आए फिर?

**पत्नी :** क्या पता! मैं सामान बाँधने अन्दर गई तो देखा, कपड़ों का ढेर लगा है। कपड़े-ही-कपड़े।

**नामा :** अरे! लेकिन ये कपड़े आए कहाँ से?

**पत्नी :** *(बात समझते हुए)* हाँ, सचमुच ही तो! क्या पता! मैं अन्दर गई तो कपड़े थे।

*[पहले के एक, दो, तीन, चार आदमी दौड़कर आते हैं।]*

**चारों :** नाम्या, साले कमाल का आदमी है तू! धन्य है।

**नामा :** क्या हुआ?

**आदमी-1 :** अरे, बदन में न घुसनेवाली बंडी आराम से घुस गई! ये देख। घर जाकर बीवी को दिखाने के लिए बंडी चढ़ाने लगा तो आराम से घुस गई। मैं खामखाँ ही परेशान हो रहा था।

**आदमी-2 :** पाजामे का कपड़ा समझकर मैं तो पाजामा ही घर ले गया। और पाजामा तैयार नहीं इसलिए तुझी पर चिल्ला रहा था।

**आदमी-3 :** इनके कपड़े से मेरा कपड़ा सिया इसीलिए तुझे कोस रहा था, पर साले, तूने तो मेरा ही कपड़ा इस्तेमाल किया था। अबे साले, बदमाशी करता है?

*[सारे हैरान-परेशान नामा से लाड़ करने लगते हैं। जानकी आक्का बच्चे के साथ दौड़कर आती है। बच्चा उसकी उँगली पकड़कर भाग रहा है।]*

**जानकी :** *(नामा का चेहरा प्यार से सहलाते हुए उँगलियाँ चटखाती है)* नामदेवा, अरे कैसा जादू है रे तेरे हाथ में! मेरा बच्चा तो उछलने लग गया, देख! छू राघ्या...पैर छू नामदेव बाबा का।

*[जबर्दस्ती बच्चे को नामा के पैर पर रखती है। ख़ुद भी ज़मीन पर बिछकर उसे नमस्कार करती है। फिर*

*खड़ी रहती है। नामा अचरज में है। परेशान।]*

**पत्नी :** *(भागकर आए हुए चारों से)* अजी, ये देखिए न, कपड़े ही कपड़े...घर में जाती हूँ तो ये इतने सारे कपड़े! तरह-तरह के कपड़े! अब इसे क्या कहें?

**चारों :** *(धीरे-धीरे बात चारों की समझ में आती है)* अद्‌भुत है। चमत्कार है। लीला है।

*[खुद को च्यूँटी काटनेवाले अब नामा के पैरों पर अपना सिर टिका देते हैं।]*

**नामा :** *(पैर सहलाते हुए)* अरे, अरे, गुदगुदी हो रही है!

*[दोनों पैर सिकोड़कर बैठता है। अब तक हैरान और परेशान है।]*

**चारों :** साधु पुरुष! ज़रूर इसे सिद्धी प्राप्त है। नामदेव महाराज की जय! वो सन्त नामदेव...और उनके बाद ये। कैसी लीला! अगाध! ज़रूर पांडुरंग की कृपा है इस पर। चलिए, सबसे कहना होगा।

*[जल्दी से सब चले जाते हैं। पत्नी और नामा रह जाते हैं।]*

**नामा :** *(अचरज में)* विठ्ठल, पांडुरंग!

**भूत :** क्या?

**नामा :** *(फिर हड़बड़ाकर)* कौन है? किसने जवाब दिया?

**भूत :** विठ्ठल।

**पत्नी :** *(नामा से)* किसके साथ बतिया रहे हो? यहाँ तो कोई नहीं है!

**नामा :** *(यूँ खड़ा रहता है जैसे उसे साक्षात्कार हुआ है)* नहीं कैसे? है। वो तो कण-कण में है। यहाँ-वहाँ—हर तरफ़ है। चराचर में समाया हुआ है। वो कहाँ नहीं है आवले... नहीं, चन्द्रभागा...वो मुझमें है। तुझमें है। उस पेड़ में है।

ऊपर का आकाश वो है...पैरों तले बिछी ज़मीन वो है। वो ये कपड़ा है। एकतारी है। झाँझ भी वही है और ये हाथ भी वही है। *(झाँझ और एकतारी बजाता है)* ये वो बोल रहा है *(लय पर नाचने लगता है)*।

**पत्नी :** *(सशंकित)* आप ठीक तो हैं न?

*[नामा अभंग गाने लगता है—हाथ की एकतारी और झाँझ बजाते हुए। गाते-गाते झूमने लगता है। अभंग-रंग में नामा रँग जाता है।]*

**नामा :** नामा जी गया, उसे विठ्ठल मिल गया।
विठ्ठल साँवला, कैसी गजब की माया।
विठ्ठल नाम किए, युगों दिन रात जगे।
नामा बन एकतारी, जिया गोविन्द भजने।
सुधबुध खोई, नामा झूम-झूम नाचे।
विठ्ठल मिल गया, कैसी गजब की माया।

**पत्नी :** आप ठीक तो हैं न? अजी...अजी...आप ऐसे क्या कर रहे हैं?

*[वह ऐसे पूछ रही है, जैसे नामा कहीं खो गया हो। लोग इकट्ठा होते हैं। नामा के साथ झाँझ बजाते हुए गाने लगते हैं, डोलने लगते हैं, नाचने लगते हैं। आखिर पुंडलिक वरदे का गजर होता है। कई लोग नामा के पैर छूते हैं।]*

**नामा :** *(पैर खींचते हुए)* अरे, अरे...मेरे पैर...मेरे पैर क्यों छू रहे हो? उसके पैर छुओ...उसे देखो। दादा, बाबा, माँ, बहनो, उस विठ्ठल के पैर पकड़ो। उसकी शरण में जाओ...वो तुम्हारा उद्धार जरूर करेगा, जैसा उसने मेरा किया। विठ्ठले, पांडुरंगे...माई-बाप...

**भूत :** नामा...

*[नामा फिर से हैरान]*

उठते-बैठते यूँ सबके सामने मुझे मत पुकारा कर।

**नामा :** लेकिन पांडुरंग, विठ्ठल...तुझे नहीं तो ये नामा और किसे पुकारेगा? तू मेरी माँ है...तू ही मेरा बाप है।

**भूत :** माँ को आते-जाते पुकारने पर पिट्टी पड़ती है, याद है? और मैं कोई तेरी माता-विमाता नहीं हूँ।

**नामा :** जैसी आपकी मर्जी प्रभु।

**लोग :** *(आपस में खुसुर-फुसुर करने लगते हैं)* साक्षात् भगवान के साथ संवाद? कमाल है! सिद्ध पुरुष! अवतार!

**औरत-1 :** *(नामा की पत्नी से)* आप बहुत महान हैं। आपको ऐसे सन्त पुरुष की पत्नी बनने का सौभाग्य प्राप्त हुआ।

**औरत-2 :** सती साध्वी *(नामा की पत्नी के पैरों पर माथा टेकती है।)*

*[नामा की औरत शरमाती है। 'अरे अरे, मेरे पैरों पर क्यों?' कहती है। सभी नामा के पैरों पर सिर रखने लगते हैं। इस दौरान चार जन पताका, पालकी आदि सामान लाकर रंगमंच पर रखते हैं। पताका के ऊपर 'श्री सन्त नामा महाराज की जय' लिखा गया है।]*

**नामा :** *(पैर छूनेवालों से बार-बार)* नहीं...नहीं...अरे, नहीं सज्जनो! मेरे पैर क्यों छू रहे हो? मुझे आपके पैर छूने चाहिए।

**सभी लोग :** कैसी बातें कर रहे हैं महाराज! ऐसी बात न कहें।

**नामा :** मैंने वक्त पर आपके कपड़े नहीं दिये, उनका नाप बिगाड़ दिया, कपड़े बदल दिये।

**लोग :** भक्तों को क्यों शर्मिन्दा कर रहे हैं महाराज! आपके पावन हाथों ने हमारे कपड़ों को छुआ, हम धन्य हो गए। चलो रे, महाराज को विश्राम करने दो। चलते हैं महाराज।

*[सभी लोग चले जाते हैं। रंगमंच पर केवल नामा और उसकी पत्नी रह जाते हैं।]*

**पत्नी :** *(इर्द-गिर्द देखते हुए)* ये सब क्या हो रहा है? मुझे तो यक़ीन ही नहीं होता। ऐसा लग रहा है, जैसे मैं कोई सपना देख रही हूँ।

**नामा :** *(शान्त रस में नहाया हुआ)* पांडुरंग, विठ्ठल...आज तक का हमारा जीवन एक माया था, आवले। ये जग भी एक माया है। बस, एक ही सच है—विठ्ठल।

**भूत :** नामा, जल्दी कर। मुझे तुझसे कुछ ज़रूरी बात करनी है। अपनी बीवी को अन्दर भेज।

**नामा :** हाँ, आवले, तू अन्दर जाकर खाना बनाना शुरू कर। आखिर सन्तों को भी भूख कहाँ छोड़ती है!

**पत्नी :** लेकिन घर में तो चावल का एक दाना भी नहीं है।

**नामा :** विठ्ठल...!

**भूत :** पुकारना बन्द कर। व्यवस्था कर दी है।

**नामा :** जो जन्म देता है, वह दाने की भी व्यवस्था करता है आवले...अरी, ये दुनिया उसी की लीला है। जा, घर में ढेर सारा चावल है। तू रसोई में लग जा।

*[पत्नी सशंकित अन्दर जाती है। नामा अकेला है।]*

**नामा :** विठ्ठल, पांडुरंग, रखुमाईनाथ...

**भूत :** रुक जा।

**पत्नी :** *(घर के अन्दर से दौड़कर आती है। एकदम हैरान है)* कितना चावल है! सारे बर्तन-भाँडे भर-भरकर...बाजरा है, ज्वार है। गेहूँ है।

**नामा :** है न? तो अब जाकर रसोई बना। तब तक मैं थोड़ा ध्यान करता हूँ।

**पत्नी :** कीजिए, कीजिए, अच्छी तरह से ध्यान कीजिए—हाँ, तो और भी कुछ मिलेगा। *(अन्दर चली जाती है)*

**भूत :** मुझे पता था कि तेरी चन्द्रभागा भागी-भागी आएगी।

**नामा :** *(सन्तों की सात्त्विकता से)* ज़बान की कड़वी है पर दिल की बहुत भोली है बेचारी।

**भूत :** ठीक है, ठीक है, रहने दे। पहले तेरी एक गलतफ़हमी मुझे दूर करनी है।

**नामा :** प्रभु।

**भूत :** वही!

**नामा :** प्रभु।

**भूत :** वही!

**नामा :** *(आँखें मूँदकर सब जगह सिर घुमाते हुए)* हे भगवान... ईश्वर...

**भूत :** वही गलतफ़हमी।

*[सीढ़ी से उतरकर नामा के सामने जाकर खड़ा हो जाता है।]*

**भूत :** अब ध्यान से देख। आँखें खोलकर देख मेरी तरफ़।

**नामा :** भगवान...*(आँखें खोलकर देखता है तो चौंक जाता है)* भग...वान...

**भूत :** इधर-उधर मत देख, मेरी तरफ़ देख।

**नामा :** आप ऐसे कैसे, भगवान...? *(अभी तक सदमे से सँभला नहीं है।)*

**भूत :** सबसे पहले तो तू ये 'देवा भगवान' कहना बन्द कर। भगवान क्या ऐसा होता है गधे?

**नामा :** *(अनजाने में)* ई...श्वर...

**भूत :** वो कैसा होता है, मैं यह नहीं जानता। पर इतना जरूर है कि वह मेरे जैसा नहीं होता होगा।

**नामा :** आप?

**भूत :** मैं भूत। विठ्ठल जोशी का भूत। पचास साल पहले मैं इसी गाँव में रहता था। पीढ़ी-दर-पीढ़ी हम लोग भिक्षुकी का धन्धा करते थे। भरी जवानी में ही मुझे बड़ी दर्दनाक मौत नसीब हुई। शादी हुई नहीं थी। जीना तो अभी शुरू भी नहीं हुआ था कि खत्म हो गया। इच्छा-वासनाएँ अधूरी रह गईं। इसीलिए भूत बनकर घूम रहा हूँ।

**नामा :** लेकिन देवा...

**भूत :** चुप बोला न, तो फिर चुप रह! पर उस शब्द को कलंकित मत कर। भूत को देव कहता है? कल पिशाचिनी को देवी कहेगा! नर्क में जाएगा रे, नर्क में।

हाँ, तो मेरे उदार संस्कारों की वजह से किसी को मुझसे कोई परेशानी नहीं हुई...बल्कि मदद ही हुई है। किसी के ध्यान में आए बगैर मैं इस गाँव में हूँ। शायद ही किसी को मुझसे कुछ नुकसान हुआ होगा। फिर मेरे भूत होने का शक कैसे होता; जबकि लोगों की यही धारणा है कि भूत सबको डरानेवाला, परेशान करनेवाला होता है।

तुझे मैं तेरे बचपन से देख रहा हूँ। मैंने तो तभी जान लिया था कि तू काम-धन्धे के मामले में निरा बुद्धू है। मेरी बिलकुल इच्छा नहीं थी तेरी मदद करने की...आखिर पागल को कोई कहाँ तक सँभाल सकता है! ऊपर से दिमाग़ में अध्यात्म का हौवा...फिर भी पिछले दिनों में तेरी जो हालत थी, पता नहीं क्यों, मुझसे देखी नहीं जा रही थी। उस पेड़ से उलटा लटककर मैं सब देख रहा था। अनजाने में मुझे तुझपर तरस आने लगा और आज मैं तेरी मदद कर ही बैठा।

**नामा :** यानी?

**भूत :** यानी आज के सारे चमत्कार मैंने करवाए। वो कोई भगवान की लीला नहीं थी—एक भूत का करिश्मा था। सबकुछ मैंने किया था, मैंने—विठ्ठल जोशी के भूत ने। तेरे लिए नहीं, अपने लिए। मुझसे रहा नहीं गया इसलिए तेरी झोंपड़ी में कपड़े रख दिये। चावल रख दिया। और उस जानकी आक्का के बच्चे को कुछ नहीं, दौरा आया था। वो तो ऐसे ही ठीक हो गया।

*[नामा डरकर नीचे बैठ जाता है। उसके मुँह से एक*

*शब्द भी नहीं निकल पा रहा है।]*

**भूत :** *(नामा को उदास देखकर)* इतना उदास क्यों हो रहा है? भगवान नहीं तो न सही, पर मैं तो आया हूँ न तेरी तकलीफें दूर करने के लिए! भूत हुआ तो क्या हुआ? अरे भगवान सबको थोड़े ही मिलता है। कितनों को तो भूत भी नसीब नहीं होते। शुक्र कर कि तकलीफ़ देनेवाले भूत के बजाय मेरे जैसा मदद करनेवाला भूत मिला है। पिशाचों के बीच रहकर भलमनसाहत करना कितना मुश्किल है, ये तुम जिन्दा लोग नहीं समझ पाओगे।

**नामा :** *(बेचारगी के साथ)* लेकिन सब यही समझते हैं कि सचमुच विठ्ठल ही...

**भूत :** तो समझने दे न। मैं कौन-सा किसी को दर्शन देनेवाला हूँ? मैं खुद अदृश्य रहकर ही सारे काम करूँगा और फिर विठ्ठल तो मैं हूँ ही। तू सिर्फ एक काम कर। मुझे ये वक्त-बेवक्त पुकारना बन्द कर। इधर पिशाच-लोक में भी हम लोगों को बहुत काम होते हैं। अच्छा, अब मैं चलता हूँ। इससे पहले कि किसी के ध्यान में आए, तेरे लिए जो किया, उसे ठीक करना होगा।

**नामा :** मतलब?

**भूत :** मतलब क्या? तेरे घर में जो चावल-कपड़ा आया, वो क्या ऐसे ही आ गया? वो सब किसी के घर-दुकान से उठाया हुआ सामान है। अब इससे पहले कि वहाँ शोर-शराबा हो, कहीं और से चुराकर वहाँ रखना होगा।

**नामा :** यानी...?

**भूत :** अरे यानी क्या? भूत कोई भगवान होते हैं क्या कि हवा से चीजें पैदा करें? वो तो सिर्फ यहाँ का वहाँ, वहाँ का यहाँ कर सकते हैं।

**नामा :** हे भगवान! यानी वो सब चो...

**भूत :** भूतलोक में चोरी को अपराध नहीं मानते। वो तो हमारा

व्यवहार है। जाने दे। अच्छा, मैं चलता हूँ। काम हो तभी पुकारना मुझे।

**नामा :** *(चिन्ता से गला सूखा हुआ)* शिव-शिव! *(उठकर सुन्न अवस्था में ही झोंपड़ी में चला जाता है।)*

*[भूत अब सीढ़ी पर चढ़कर बैठ जाता है। सीढ़ी पर रोशनी फैल जाती है। रंगमंच की रोशनी बुझ जाती है। अब वहाँ का दृश्य बदल दिया जाता है। भूत बोलने लगता है!]*

**भूत :** तरस खाना मेरी सबसे बड़ी गलती है। यहाँ पीपल के पेड़ पर बैठे-बैठे मुझे नामा पर तरस आ गया और तरस खाने के बहाने मैं अपने ही ज़ख्मी अहंकार को सहलाता रहा। वैसे देखा जाए तो मेरे बगैर भी नामा का निभ ही रहा था, वैसे ही आगे भी चलता रहता। वो कोई मर नहीं रहा था। वो तो किसी और विठ्ठल के लिए ही झाँझ पीट रहा था और मैं बेवजह ही टपक पड़ा। जीते-जी किया हुआ पागलपन शायद कम था जो मैं यह कर बैठा।

*[भूत पर से रोशनी चली जाती है। पीछे रंगमंच पर दृश्य बदलता है। नामा के घर के स्थान पर तुम्बाजी बाबा का मन्दिर खड़ा है। यह भी घर की तरह ही प्रतीकात्मक है। ज़्यादा बारीकियाँ नहीं।]*

## दृश्य : तीन

*[तुम्बाजी बाबा का मन्दिर। सुरसुरे रेशमी गेरुए रंग के वस्त्र का पहनावा पहने हुए हैं तुम्बाजी बाबा। बदन पर भस्म मला है। दिखने में अव्वल दर्जे के बदमाश लेकिन तेजस्वी। मुट्ठीभर श्रोताओं के सामने कीर्तन कर रहे*

*हैं। वाणी में मिठास। मीठी आवाज़। निरूपण में एक विद्वत्ता का भास। साथ में शिष्य जटायु।]*

**तुम्बाजी :** सुरस बाँसुली मधुर,
बजावत रुनझुन।
तरसत पखेरू प्राण,
कब हो भेंट जान।
छुटती जाए आस,
मन होय उदास।
भटके स्वामी रामदास,
लिए हरिदर्शन की आस।

*[कीर्तन समाप्त होता है जय-जयकार से—जैसे पुंडलिक वरदा आदि। मुट्ठीभर श्रोता पैर छूकर चले जाते हैं। सिर्फ़ जटायु बाकी है। भक्तों द्वारा दी हुई चिल्लर इकट्ठा करके गिन रहा है।]*

**तुम्बाजी :** बेटा जटायु!...

**जटायु :** *(सिक्के गिनते हुए)* स्वामी।

**तुम्बाजी :** दो दिन गुज़र गए, हमारे कीर्तन के लिए अब पहले जैसी भीड़ नहीं होती। ऐसी क्या वजह हो गई?

**जटायु :** *(सिक्के गिनते हुए)* स्वामीजी, चमत्कार नहीं तो नमस्कार भी नहीं।

**तुम्बाजी :** मतलब?

**जटायु :** मतलब आप चमत्कार दिखाओ।

**तुम्बाजी :** बेवकूफ़! विशुद्ध अध्यात्म में चमत्कारों जैसी चिल्लर जादूगरी के लिए कोई जगह नहीं होती।

**जटायु :** तो फिर भूल जाइए...लोगों के दिल में भी आपके लिए कोई जगह नहीं रहेगी। मैं थोड़ा मुँहफट हूँ...उसके लिए माफ़ कर दीजिए। पर सच्चाई तो ये है कि चमत्कारों के बगैर अब लोग किसी को साधू ही नहीं मानते।

उनके लिए तो आप केवल कीर्तनकार यानी भगवान के नाम पर लोगों का मनोरंजन करनेवाले अच्छे गायक हैं।

**तुम्बाजी :** लेकिन कल-परसों तक तो यही कीर्तन सुनने के लिए भीड़ इकट्ठा होती थी!

**जटायु :** लद गए वो दिन। इन्हीं हाथों से दक्षिणा इकट्ठा करता था मैं।

**तुम्बाजी :** तो अचानक ऐसा क्या हो गया कि लोगों ने हमसे मुँह फेर लिया?

**जटायु :** उन्हें कोई दूसरा मिल गया।

**तुम्बाजी :** कौन?

**जटायु :** दर्जी।

**तुम्बाजी :** दर्जी?

**जटायु :** नामा दर्जी। अपने ही गाँव का है। अभी अचानक वह सन्त नामा बन बैठा है।

**तुम्बाजी :** यानी वो—कभी वक्त पर कपड़े न देनेवाला?

**जटायु :** जी। भले ही वो कपड़े वक्त पर नहीं देता पर अब जादूभरे चमत्कार करता है।

**तुम्बाजी :** चमत्कार?

**जटायु :** जी। और लोग उसके चमत्कारों पर पागल हो रहे हैं। सुना है, पिछले दो दिन में उसने बीस-बाईस चमत्कार कर डाले।

**तुम्बाजी :** अरे! लेकिन वो तो मामूली दर्जी है!

**जटायु :** कहते हैं उस पर विठ्ठल प्रसन्न हुआ है।

**तुम्बाजी :** क्या? विठ्ठल?

**जटायु :** जी, गुरुजी।

**तुम्बाजी :** असम्भव।

**जटायु :** वही सम्भव हुआ है।

**तुम्बाजी :** सच कह रहे हो?

**जटायु :** आपसे झूठ कहकर क्या मिलेगा? सच कहकर भी कुछ

नहीं मिलता। कमाई घट गई। नामा के खेल के लिए भीड़ जमने लगी है। हमारा तम्बू तो अब सूना पड़ गया है।

**तुम्बाजी :** अधर्मी! नाम-संकीर्तन को नौटंकी के तम्बू की उपमा दे रहा है?

**जटायु :** मेरी उद्दंडता के लिए चाहें तो मैं फिर से माफ़ी माँगता हूँ, पर मैं वो ही कह रहा हूँ जो दिखता है। तमाशा कहिए या कीर्तन—है तो खेल ही, वरना केवल चार चमत्कारों की हवा चलते ही कौन नाम-संकीर्तन छोड़कर अपने पीछे पैर लगाकर भाग खड़ा होता। नाम-संकीर्तन कीजिए या तमाशा, लोगों के लिए सब एक ही है—मनोरंजन। जहाँ उन्हें मनोरंजन मिलेगा, वहीं वे जाएँगे।

**तुम्बाजी :** *(विचारमग्न)* नामा दर्जी से विठ्ठल प्रसन्न? कुछ गड़बड़ लगती है।

**जटायु :** विठ्ठल से कैसे गड़बड़ हो सकती है गुरुजी?

**तुम्बाजी :** तो सबको छोड़कर विठ्ठल को ये नामा ही क्यों नज़र आ गया?

**जटायु :** वही तो! लेकिन सोचने लायक बात तो ये है कि वो सन्त नामदेव...वो भी तो दर्जी ही था। ये नामा भी दर्जी है। नाम एक-सा है। शायद इसीलिए विठ्ठल की नज़र उस पर पड़ी हो!

**तुम्बाजी :** मुझे विश्वास नहीं होता।

**जटायु :** या विश्वास नहीं करना चाहते? मुझे तो लगता है, उस ऊपरवाले विठ्ठल को शायद हमारे-आपके हिसाब मंज़ूर नहीं, वरना अब तक के सभी सन्त उसे ऐसे क्यों नज़र आते—कोई जाति से बाहर किया हुआ छोरा, कोई बनिया, तो कोई कुम्हार...?

**तुम्बाजी :** *(सोचकर)* जटायु, चल, इस नए सन्त नामदेव से भेंट करते हैं।

**जटायु :** चलिए न। मैं भी कब से जाना चाहता था। जिसे देखिए,

वही उसके चमत्कारों के बारे में बतियाता रहता है। सुना है, महादेव के मन्दिर के दीप अपने-आप जल उठे और केवड़े की सुगन्ध चारों तरफ़ फैल गई। चलिए गुरुजी! जय गुरुदेव!

*[पताका उठाकर जटायु आगे-आगे और पीछे तुम्बाजी चलते हैं।]*

## दृश्य : चार

*[दृश्य बदलता है।*

*तुम्बाजी के मन्दिर की जगह पर नदी का घाट नज़र आ रहा है। दूर एक पेड़। ध्यान से देखने पर पता चलता है कि यह भूत है जो पेड़ का स्वाँग रचाते हुए खड़ा है। लोगों की भीड़ जमा है। उस भीड़ में तुम्बाजी और जटायु एक तरफ़ खड़े हो जाते हैं।*

*'आ गए, आ गए' का शोर मचता है।*

*आगे दो भक्त और पीछे नामा। हाथ में एकतारी और चिमटा। नामा का जय-जयकार।*

*नामा के उठने-बैठने में, चेहरे पर अब भी घबराहट का भाव नज़र आता है। नींद में चलनेवाले इनसान की तरह चेहरा। लोग पैरों पर लोट रहे हैं। इसी क्रम में कोई आगे, कोई पीछे चल रहा है। इधर संकोचवश नामा पैर चुरा रहा है, तो उधर तुम्बाजी के चेहरे पर ईर्ष्या। कुछ देर बाद लोग दूर जाकर खड़े हो जाते हैं।]*

**नामा :** *(लोगों के सिर रगड़ने से पैदा हुई जलन के कारण नामा अपने जलते हुए पैरों को बीच-बीच में सहलाता रहता है)* बैठिए।

**सभी लोग :** *(एक ही सुर में)* नहीं, नहीं। आप बैठिए गुरुदेव!

**नामा :** *(घबराहट में थूक निगलता है)* मैं...मैं कहाँ का...गुरु...

मैं तो मामूली दर्जी।

**सभी लोग :** *(एक स्वर में)* कैसी विनम्रता! अहंकार का तो नाम तक नहीं।

**नामा :** किस बात का अहंकार? मैं कपड़े सिलनेवाला। आप लोगों का चाकर। आपका समाधान ही मेरा परम सन्तोष।

**सभी लोग :** *(एक स्वर में)* कैसी सादगी है! घमंड तो जानता ही नहीं।

*[यह बात सुनकर तुम्बाजी और जटायु एक-दूसरे की तरफ़ देखते हैं। जटायु तुम्बाजी का संकोच भाँपकर दूसरी तरफ़ नज़र घुमा लेता है।]*

**नामा :** *(घबराहट के साथ)* मैं...कभी आप लोगों को सन्तोष नहीं दे पाया...हमेशा असन्तोष का मैं धनी बना रहा। मैं... वही हूँ—नामा दर्जी। मुझे कोई सिद्धि प्राप्त नहीं हुई है। विठ्...*(ज़बान काटकर)* पांडुरंग के आगे मैं एक मामूली पामर, महापापी। मैं इस लायक नहीं कि उसकी कृपा मुझ पर हो।

**सभी लोग :** *(एक स्वर में)* अहा-हा! कैसी शालीनता! ये सन्तों के लक्षण हैं। नहीं तो तुम्बाजी...

**नामा :** भगवान कसम, मैं कोई सन्त-महंत नहीं हूँ।

**सभी लोग :** *(एक स्वर में)* ये सन्तों-सी सादगी जहाँ पाइए, उसे ही साधू जानिए।

**नामा :** ऐसा कहकर मुझे शर्मिंदा मत कीजिए।

**सभी लोग :** *(नारे लगाते हुए)* सन्त नामदेव महाराज की जय!

**नामा :** *(तंग आकर)* अरे, अरे...वो बहुत बड़ा आदमी था—पांडुरंग के चरणों तक पहुँचा हुआ। परम पुण्यवान था वो। मैं... मैं तो साधारण दर्जी हूँ...आपकी कसम। ये चमत्कार वगैरह सच्चे नहीं...आप लोग गलत समझ रहे हैं कि ये ईश्वरी चमत्कार हैं।

*[जैसे किसी ने पीछे से नामा को ज़ोरदार झटका दिया हो, वह पीछे देखता है।]*

**भूत :** *(पेड़ के रूप में, पत्तों के पीछे से)* तू क्या यह समझता था कि मैं नहीं हूँ यहाँ? खबरदार जो सच बोला! अपना राज़ खोला तो याद रख...मैं तेरे पीछे ही हूँ।

**नामा :** *(असहाय होकर)* ठीक है, विठ्ठल।

**सभी लोग :** *(एक स्वर में)* देखा, महाराज विठ्ठल के साथ बात करते हैं! साक्षात् ईश्वर के साथ सम्भाषण। ओ-हो-हो, कैसी समाधि लगी है!

**नामा :** *(लोगों से)* ऐसे क्यों देख रहे हैं?

**आदमी-1 :** कुछ नहीं, बोलिए महाराज! चलने दीजिए भगवान के साथ सुसंवाद।

**नामा :** दे...*(ज़बान काटकर)* खत्म हो गया। संवाद खत्म हो गया।

**सभी लोग :** *(एक स्वर में)* तो फिर बाबा, अब हमें उपदेश कीजिए। गुरूपदेश।

**नामा :** गुरुउपदेश?

*[सभी सँभलकर बैठ जाते हैं और नामा हैरान-परेशान।]*

**नामा :** *(पसीना पोंछते हुए)* मैं क्या...*(सँभलकर)* हाँ, गुरूपदेश। तो...*(आगे जबान चलती नहीं)*

**भूत :** *(पीछे से)* गुरुउपदेश दे। बोला न, दे।

**नामा :** *(बिना पीछे देखे)* तो...

**भूत :** बोल। बोलता जा। डर मत वरना भेद खुल जाएगा। बोला न, बोल।

**नामा :** ये हमारा संसार कैसा...वो तो...कपड़े की बुनाई की तरह है। हाँ, जितना उधेड़ो, उतना कम। किसी के हिस्से खुरदुरा तो किसी के हिस्से नरम...पर आखिर

जुलाहा तो एक ही है। करघे लगे हुए हैं। अविरल चल रही है...बुनाई...ये सारी उसी की लीला...*(कमज़ोर स्वर में)* उसी की।

**सभी लोग :** *(एक स्वर में)* ओ-हो-हो! क्या बानी है! क्या जादू है! बुनाई चल रही है। उसकी लीला।

**नामा :** *(धीरज बाँधकर)* तो कपड़ा सिलना है। क्या करना है? कपड़े में कैंची नहीं लगेगी तो कपड़ा सिलेगा कैसे? टाँके भी लगेंगे। सुई चुभोए बगैर...अपना वो...आकार... आकार कैसे बनेगा? कैंची लगेगी, सुई चुभेगी, उसके बगैर कपड़ा तैयार नहीं होगा, और कपड़ा तैयार नहीं हुआ तो कपड़े की सार्थकता व्यर्थ। *(अब पूरी सफ़ाई से)* पाया हुआ जन्म सार्थक करने के लिए संसारताप अटल है। टाँके लगेंगे, फाड़ना-फटना होगा, उसमें सार्थकता पाने का एक ही मार्ग है–विठ्ठल! एक ही इलाज–विठ्ठल की शरण! एकं ही जवाब–विठ्ठल! *(यूँ हिलता है जैसे पीछे से भूत ने झटका दिया हो लेकिन पीछे नहीं देखता)* यानी पांडुरंग...मैं विठ्ठल को नहीं पुकार रहा था।

**भूत :** *(पत्तों की आड़ से)* चुप! एक गलती सुधारने के लिए दस गलतियाँ करेगा? भजन कर, भजन!

**नामा :** तो सज्जनो, आखिर विठ्ठ...नहीं पांडुरंग की शरण में जाते हैं। किसकी? पांडुरंग की। तो कहिए...

*[नामा 'पाडुरंग, पांडुरंग' के नारे लगाना शुरू करता है। सब उस नारे में शामिल होते हैं। जटायु और तुम्बाजी सिर्फ़ देख रहे हैं।*

*बाकी लोगों की तरफ़ देखते हैं तो वे भी तालियाँ बजाकर उनमें शामिल होने का नाटक करने लगते हैं और थोड़ी देर बाद फिर से तमाशबीन बन जाते हैं। भजन रँगने लगता है। नामा सहित सब नाचने लगते*

*हैं और देखते-देखते नामा के पीछे का पेड़ यानी भूत भी नाचने-डोलने लगता है। लय पकड़ता है। फिर बेखबर नाचने लगता है।]*

**आदमी-1 :** *(पेड़ की ओर देखकर)* अरे, वो देखो...वो देखो, पेड़ नाच रहा है।

*[सारे लोग उधर देखने लगते हैं।]*

**सभी लोग :** *(एक स्वर में)* पेड़ नाच रहा है! पेड़ नाच रहा है!

*[पेड़ अब रुक जाता है।]*

**आदमी-2 :** *(भावुक स्वर में)* असीम! महाराज की लीला असीम है! *(नामा के शरण जाकर)* ज्ञानेश्वर महाराज ने दीवार चलवाई, सन्त माऊली ने पेड़ को नचवाया।

**नामा :** *(आवेग में)* मैं...*(सँभलकर)* मैं कौन? ये सब उसी की लीला है। उसी की। *(झिझकते हुए)* पांडुरंग की।

*[सभी लोग नामा के पैरों पर गिरते हैं।]*

**आदमी-3 :** *(अचानक उछलते हुए)* गुरुमाऊली की जय! ये देखो! ये देखो! मेरी जेब में शिवलिंग आया! हाथ को कुछ लगा इसीलिए देखा तो...*(नामा के पैरों पर गिरता है)* गुरुमाऊली की जय!

**सभी लोग :** *(एक स्वर में)* शिवलिंग! शिवलिंग! महाराज इस भक्त पर खास प्रसन्न हुए।

**आदमी-4 :** महाराज, हम पर भी कृपा कीजिए! प्रसाद दीजिए।

**नामा :** *(नासमझी से)* प्रसा-द? *(इधर-उधर देखता है। देने के लिए कुछ नहीं। परेशान होता है।)*

**आदमी-4 :** *(जैसे पीठ पर कोई मार रहा है)* ओय, ओय, ओय, अरे बाप रे! नहीं! मर गया! बचाओ! *(नामा के पैरों पर झुक जाता है)* बचाइए गुरुदेव!

**कुछ भक्त :** *(एक स्वर में)* पापी! महाराज ने अच्छी सज़ा दी। बिना

हाथ उठाए पीटा। ये है तपश्चर्या की ताक़त। भगवान सब करवाता है। *(चौथे से)* चल, निकल यहाँ से। मुँह काला कर। पापी कहीं का!

*[उसे खींचकर बाहर निकालने लगते हैं।]*

**अन्य भक्त :** *(एक स्वर में)* ग़लत! उसे प्रसाद मिल गया। ऐसा भी गुरुप्रसाद होता है। आपको क्या पता? बड़े-बड़े साधुओं ने अपने चहेते भक्तों को पीटा है...पर प्यार से। क्या माँ अपने बच्चों को नहीं पीटती? इधर आ रे! कितना भाग्यशाली आदमी है! हम लोगों को प्रसाद नहीं मिला, पर इसे मिला।

*[उसे अपने साथ खड़ा करता है।]*

**भक्त-1 :** निकालो उसे...निकाल दो। वह पापी है।

**बाकी :** नहीं, वो पुण्यवान है। ठहर रे तू।

*[मार खाए उस भक्त की भक्तिपूर्ण खींचतान। महामारी।]*

**आदमी-1 :** ठहरो। गुरुदेव से पूछो।

**आदमी-2 :** गुरुदेव, आप ही बताइए।

*[नामा छींकता है।]*

**भक्त-1 :** नाक! नाक! गुरुदेव ना-ना, सुझा रहे हैं। यानी ये पापी है।

**भक्त-2 :** ग़लत! छींक! गुरुदेव ने आंक्छी कहा। यानी बराबर! ये पुण्यवान है।

*[फिर नए सिरे से खींचतान और मारपीट।]*

**जटायु :** तो वापस चलें, या हो जाएँ हम हाँ-हाँ, ना-ना में शामिल?

**तुम्बाजी :** शामिल? तूने तुम्बाजी बाबा को समझ क्या रखा है? मैं भी किसी कच्चे गुरु का चेला नहीं हूँ।

**जटायु :** मैं हूँ...*(जल्दी से अपने-आपको सुधारते हुए)* यानी मैं कहना चाहता था कि मैं आपके पीछे हूँ।

**तुम्बाजी :** निकल यहाँ से! मेरे दिमाग़ में एक अद्‌भुत योजना पक रही है। चलकर उस पर काम करते हैं। सन्त नामदेव महाराज—हुँः!

*[दोनों चल पड़ते हैं। चक्कर लगाकर एक तरफ़ आते हैं। पिछला दृश्य इनसानों के साथ ही बदलता है। अब वहाँ गाँव के बाहर का कोई स्थान है।]*

पागलपन है। भगवान की कृपा वगैरा सब झूठ है।

**जटायु :** सब झूठ?

**तुम्बाजी :** नाटक। एक महान नाटक।

**जटायु :** ये आप कैसे कह सकते हैं?

**तुम्बाजी :** पेड़ नचाना कोई दैवीय चमत्कार हुआ?

**जटायु :** और शिवलिंग?

**तुम्बाजी :** वो तो बदमाशी है उसकी।

**जटायु :** और मार? उस आदमी को कौन पीट रहा था?

**तुम्बाजी :** मैं सबूतों के बिना मुँह नहीं खोलता। पर इतना निश्चित है कि नामा पर कोई विठ्ठल-फिठ्ठल प्रसन्न नहीं हुआ। ये सारा बनावटी है।

**जटायु :** मुझे नहीं लगता...*(ज़बान काटकर)* उद्‌दंडता के लिए बेशक हमेशा की तरह माफ़ी। पर जो साक्षात् आँखों से देखा, उसे नकारना...आप जैसों को ही शोभा देता है। हम तो सेवक...

**तुम्बाजी :** *(मूँछों पर ताव मारते हुए)* नामा का भंडाफोड़ नहीं किया तो मेरा नाम तुम्बाजी नहीं।

*[जाता है। पीछे-पीछे पताका उठाकर जटायु भागता है।]*

## दृश्य : पाँच

*[दृश्य बदल जाता है। नामा के घर का दृश्य दिखाई देता है। नामा आकर बैठता है। बेहद अस्वस्थ। पास ही एकतारी। पास ही पत्नी आकर बैठती है। वह काफ़ी खुश है।]*

**पत्नी :** कितना अच्छा लग रहा है! नसीब जाग गया हमारा। किसी चीज़ की कमी नहीं। खामखाँ मैं आपको और आपकी एकतारी को कोसती थी। अब मुझे क्या पता था कि ये धन्धा इतनी तेज़ी से चलेगा! अभी छोड़िएगा नहीं—हाँ! देखिए, बहती गंगा में हाथ धोने में ही अक्लमंदी है। हमारा कल्याण ही होगा।

*[नामा उदास बैठा है।]*

**पत्नी :** मैं सोने जा रही हूँ। आप भी सो जाइए। जब से भगवान की कृपा हुई है, आपकी तो नींद ही उड़ गई है। पहले कितने बेख़बर सोते थे! कुछ भी हो, सोना तो ज़रूरी है आदमी को। *(अन्दर जाती है)*

*[नामा मनस्वी अस्वस्थ है। झोंपड़ी का दरवाज़ा खींच लेता है।]*

**नामा :** विठ्ठला।

*[कोई हलचल नहीं।]*

विठ्ठला।

*[कोई आहट नहीं।]*

मैं तुम्हें पुकार रहा हूँ विठ्ठला।

*[तभी भूत प्रकट हो जाता है। मतलब कहीं से आकर खड़ा हो जाता है।]*

छुड़ाओ मुझे। मुझसे नहीं सहन होता। इतना, फरेब! बर्दाश्त नहीं होता। भोले-भाले लोगों को भगवान के नाम पर ठगना? छीः! छीः! इससे तो कपड़े सिलने में देर लगाकर उनकी गालियाँ सुनना लाख गुना अच्छा था।

*[तुम्बाजी चुपचाप एक तरफ़ पेड़ की ओट में खड़ा नामा की बात सुन रहा है। उसे भूत नज़र नहीं आता। सुनाई भी नहीं देता। पर नामा को दिख रहा है और सुनाई भी दे रहा है।]*

**नामा :** अरे, ये पाप कैसे धुलेगा? खाना ज़हर लगता है...नींद उड़ गई है। दिन-रात मन में एक चुभन रहती है। तेरे पैर छूता हूँ, झोली फैलाता हूँ, इस सबसे छुड़ा मुझे।

**भूत :** अभी तो खेल शुरू हुआ है।

**नामा :** पर मुझसे बर्दाश्त नहीं होता।

**भूत :** आदत हो जाएगी।

**नामा :** नहीं, नहीं...नहीं होनी चाहिए। अब तक बुद्धू बनकर जीता रहा। बदमाशी की आदत नहीं। जी करता है, सबको चिल्ला चिल्लाकर बता दूँ कि ये सारा विठ्ठल नाम के भूत का किया कराया है। पंढरी के विठ्ठल के भ्रम में न रहो...

**भूत :** चुप रह। कोई सुन लेगा।

*[तुम्बाजी के चेहरे पर राज़ जान लेने का आसुरी आनन्द]*

**नामा :** सुन लेने दे। एक ही बार में सब खत्म हो जाएगा।

**भूत :** क्या इतना आसान है यह सब? ये खेल ऐसे ही आधे में नहीं छोड़ सकता तू।

**नामा :** क्यों नहीं?

**भूत :** राज़ खुल गया तो तेरा क्या होगा, पता है? सत्यानाश कर देंगे तेरा। गाँव से, समाज से बाहर कर देंगे। जलाकर

मार भी सकते हैं। जनक्षोभ महाभयंकर होता है।

**नामा :** मैं माफ़ी माँग लूँगा...पैरों पर लोट जाऊँगा...प्रायश्चित्त कर लूँगा...।

**भूत :** बदले की आग में झुलसनेवाले लोग भूतों से भी भयंकर होते हैं।

**नामा :** पर मुझसे अब बर्दाश्त नहीं होता...।

**भूत :** क्या बर्दाश्त नहीं हो रहा है? सबकुछ बैठे-बिठाए मिल रहा है, क्या वो बर्दाश्त नहीं होता तुझसे? दाने-दाने के लिए मोहताज था, याद है?

**नामा :** चाहो तो फिर से वैसा ही हो जाता हूँ। सारी चीजें वापस ले लो पर मुझे छोड़ दो।

**भूत :** पागल मत बन। थोड़ा बर्दाश्त कर। आदत हो जाएगी। लोग ऐसे ही बिगड़ते हैं। शुरू-शुरू में तकलीफ़ होती है। फिर आदत हो जाती है। अरे, अभी तो हुआ ही क्या है? असली मज़ा तो आगे है।

**नामा :** मैं पागल हो जाऊँगा। चिल्लाते हुए घूमूँगा कि पिशाचमाया! पिशाचमाया! भगवान की कृपा नहीं, लोगो, ये है पिशाचमाया!

**भूत :** तू ज़बान खोलकर तो देख! अभी मेरा 'असली' रंग तूने देखा नहीं। *(स्वर बदलकर)* ध्यान से सुन, तेरी हालत देखकर, तेरी पुकार सुनकर ही मैं इसमें पड़ा हूँ, वरना ये सब करने में मेरा क्या फायदा है? भूत के पास कोई सम्पत्ति नहीं होती, उसे सिर्फ़ भयावह और तनहा भटकना पड़ता है। तेरे लिए मैंने सारी योजना बनाई और अब तू ही पीछे हटने की बात कर रहा है?

**नामा :** वैसे नहीं, पर...

**भूत :** पाप करने से डरता है? अरे कितने ही पापी वहाँ स्वर्ग में मजे कर रहे हैं और कितने ही पुण्यवान लोग हमारे भूतलोक में पड़े सड़ रहे हैं। तुझे बचपन से जो सिखाया गया है वो भूल जा। वो सब पापी लोगों की बनाई हुई

भूलभुलैया है ताकि उनका कारोबार ठीक से चलता रहे।

**नामा :** लेकिन, भगवंत...

**भूत :** वही तो...भगवान का डर दिखाया तो तुम लोग चुपचाप सब सहन करने के लिए तैयार हो जाते हो। यही तो चाहता है हर महत्त्वाकांक्षी पापी। तुम लोग अगला जन्म सुधारने के लिए पुण्य कमाते रहो और वे इसी जनम में सत्ता और सम्पत्ति भोगते रहें। उस तुम्बाजी को देख। अध्यात्म से क्या लेना-देना है उसका? पर बन बैठा है न महाराज? तुम्बाजी महाराज। सबकुछ बेखटके भोग रहा है। बराबर अपनी जायदाद बनाकर रख रहा है।

**नामा :** तुम्बाजी महान! उनके बारे में बुरा बोलना पाप है! उनके जितनी योग्यता होती तो साधारण दर्जी क्यों बना होता?

**भूत :** सारे सफल पापियों का भूतकाल साधारण ही होता है। और तू भी अब साधारण नामा दर्ज़ी थोड़े ही है। तू तो नामदेव महाराज है।

**नामा :** मुझे शर्मिन्दा मत करो।

**भूत :** चमत्कार पर चमत्कार कर रहे हो! बीमार बच्चे को ठीक किया, शिवलिंग निकालकर दिखाया...

**नामा :** चुप हो जाओ...मैं तुम्हारे पैर पकड़ता हूँ।

**भूत :** अब ये आज़ादी तुझे नहीं है। अब तो लोग तेरे पैर छुएँगे।

**नामा :** क्यों शर्मिन्दा कर रहे हो? सबकुछ तुम्हारी वजह से ही तो हो रहा है।

**भूत :** सो तो है। और उसमें मुझे बेहद खुशी भी मिल रही है। मरने के बाद से मैं इतना खुश कभी नहीं था। कैसा मज़ा आ रहा है! जीते-जी जिस इनसान ने कभी सफलता नहीं देखी, वो किसी और को सफल बना रहा है—वह भी मरने के बाद। आज मेरी वजह से तुझे वो सब मिल रहा है जो मुझे कभी हासिल नहीं हुआ।

**नामा :** पर मेरा मन नहीं मान रहा है...।

**भूत :** मानेगा। तू भी क्या याद करेगा! अभी तो बहुत कुछ देखना-दिखाना है।

**नामा :** *(चिन्तित)*...बाप रे!

**भूत :** कभी किसी ने न देखी हो, न सुनी हो—ऐसी घटनाएँ घटाता हूँ। अभी-अभी तो मेरा दिमाग़ चलने लगा है। अब तू देख, तेरे ज़रिए मैं ऐसे जबर्दस्त चमत्कार करवाऊँगा कि देखनेवाले देखते रह जाएँगे। तू बस देखता जा! और बीच में ही ऊटपटाँग बोलकर सारे किए-कराए पर पानी फेरा तो याद रख, हाँ! जाता हूँ, मेरा श्मशान जाने का समय हो गया। *(चला जाता है)*

*[नामा घर में चला जाता है। चेहरे पर नींद में चलनेवाला जैसा भाव। रंगमंच पर एक तरफ़ नामा की बात सुननेवाला तुम्बाजी अब आगे आता है—बीचोबीच।]*

**तुम्बाजी :** *(मूँछों पर ताव मारते हुए)* तो ये है दर्ज़ी का विठ्ठल! ये चमत्कार करता है।

*[जटायु आता है।]*

अच्छा हुआ, तुम आए। चमत्कार का राज़ सुनना है? नामा का चमत्कारकर्ता कौन है, पता है? पंढरी का विठ्ठल नहीं, एक भूत है—भूत।

**जटायु :** *(जैसे सदमा पहुँचा हो)* गुरुजी, ऐसी ईर्ष्या और द्वेष सामान्य आदमी को ही शोभा देते हैं। आप तो साधु पुरुष हैं!

**तुम्बाजी :** मैं प्रत्यक्ष सुनी हुई बातों के आधार पर बोल रहा हूँ। मैंने ख़ुद नामा की बातें सुनीं। वह भूत के साथ बातें कर रहा था।

**जटायु :** फिर से थोड़ी उद्दंडता! कहते हैं, भूत की बातें तीसरे आदमी को सुनाई नहीं देती।

**तुम्बाजी :** *(सात्त्विक गुस्से से)* नामा और भूत के संवाद में मैंने भले ही भूत की बातें न सुनी हों, पर नामा की बातें तो सुनी हैं न! वह खुद कह रहा था—पिशाचमाया! भगवान की कृपा नहीं, पिशाचमाया!—ऐसा कहा उसने।

**जटायु :** शंका का पूरी तरह से निराकरण कर लेना बेहतर है। आप ऐसा कैसे कह सकते हैं कि आप जो समझ रहे हैं, उसी अर्थ में नामा ने वो बात कही थी? आप मुझे अक्सर गधा कहते हैं। अब किसी ने आपकी बात को गम्भीरता से लिया तो उसे यही लगेगा कि आप सचमुच के किसी गधे से ही बातें कर रहे हैं।

**तुम्बाजी :** अभी भी विश्वास नहीं होता? अरे, वो रो रहा था कि चाहो तो सबकुछ वापस ले लो लेकिन मुझे छोड़ दो। भगवान की कृपा होती तो क्या वो लौटाने को इतना आतुर होता? और कह रहा था, इतने पाप कैसे धुलेंगे? अगर भगवान की कृपा है तो कौन-से पापों की बात कर रहा था वो? कह रहा था, भोले-भाले लोग, उन्हें भगवान के नाम से ठगना, उसे यह बर्दाश्त नहीं। बोल, अब बोल। इस सबका क्या अर्थ होता है?

**जटायु :** समाचार तो धक्कादायक है। अब तक अपने यहाँ समाचार छापनेवाले पत्रों की व्यवस्था नहीं है, वरना ये तो पहले पन्ने का समाचार था! क्षमा कीजिए। इस बार उद्दंड नहीं बल्कि थोड़ा द्रष्टा बन गया हूँ। दरअसल मैं तो साधारण-सा साधक हूँ।

**तुम्बाजी :** नामा के इस भूत के राज़ का कुछ करना चाहिए।

**जटायु :** राज़ या तो रखने के लिए होता है या फिर खोलने के लिए। और फिर संसार का नियम तो आपको पता ही है कि अपने राज़ रखने के लिए होते हैं और दूसरों के खोलने के लिए।

**तुम्बाजी :** इस तुम्बाजी महाराज पर संसार-नियम नहीं लागू होते। राज़ खोलने से क्या फ़ायदा? उसके अलावा कोई दूसरा

उपाय सोचना चाहिए जिससे हमारा भी फायदा हो।

**जटायु :** भूत का राज़ खुल जाने पर नामा के सन्तपन का भंडाफोड़ हो जाएगा यानी उसका नुकसान होगा। और उसका नुकसान यानी हमारा फायदा क्योंकि अध्यात्म के बाज़ार में उसकी हमसे स्पर्धा है!

**तुम्बाजी :** अध्यात्म का व्यापार ऐसा होना चाहिए जिससे सामनेवाले का *(प्रतिस्पर्धी का)* नुकसान भी न हो, पर अपना फ़ायदा ज़रूर हो।

**जटायु :** माफ़ी गुरुदेव। पर औरत का *(पत्नी का)* कौमार्य भंग किए बगैर संसार-सुख की लालसा रखनेवाले को...

**तुम्बाजी :** *(आँखें दिखाकर)* जटा, जटा, नैष्ठिक *(आजन्म)* ब्रह्मचर्य रखने के बावजूद तेरे मुँह में ऐसी भाषा?

**जटायु :** *(आह भरकर)* केवल ऐसी बातें कहने से ही संसार-सुख मिलता तो और क्या चाहिए था? और फिर मैंने जो भी कहा, उसमें तो ऐसा कुछ नहीं था।

**तुम्बाजी :** नामा के राज़ को अब मैं ऐसे इस्तेमाल करूँगा कि कौमार्य भंग भी नहीं होगा और संसार-सुख भी मिलेगा।

**जटायु :** आपके सामने मैं क्या बोलूँ? आपका कर्त्तव्य महान है।

**तुम्बाजी :** कल पौ फटते ही मैं नामा को पकड़ूँगा।

**जटायु :** पकड़ेंगे? मतलब क्या करेंगे उसका?

**तुम्बाजी :** वो तू देखना। एकदम हलके हाथ का शस्त्रकर्म है। सँभलकर करना होगा। सावधानी बरतनी होगी। अब तू देख, मैं कैसे नाटक रचता हूँ! इस गुरु की विद्वत्ता तो तूने देखी, अब कारीगरी भी देख।

**जटायु :** *(सशंकित)* यानी आप नामा के सामने नाचेंगे-गाएँगे तो नहीं न—अप्सरा के वेश में? आप...अप्सरा यानी...

**तुम्बाजी :** हाथ कंगन को आरसी क्यों माँग रहा है? चलकर प्रत्यक्ष ही देख ले। *(दोनों जाते हैं)*

## दृश्य : छह

*[पीछे का दृश्य बदलता है। नदी का घाट। नामा लोगों के साथ भजन-कीर्तन कर रहा है।]*

**नामा :** दर्ज़ी नाम ही तारण हार,
नाम भवसागर।
उतारे उस पार,
नाम तिहार।
नाम ही सँवारे,
नाम ही सुधारे।
नाम ही हरी से,
मिलाए।
नाम ही तारे,
कहे सन्तबानी रे।
नाम ही मात्र,
आत्मसत्ता।
नामा कहे तुम,
करो कीर्तन।
पंढरी की बाट,
न भूले दिन-रात।

*[पीछे भूत खड़ा है। बेशक यह रंगमंच पर के लोगों को नज़र नहीं आता पर दर्शकों को दिखता है।*

*भजन ऐन रंग में आते ही नामा के हाथ की एकतारी उसके हाथ से छिटककर हवा में नाचने लगती है। यानी नामा के पीछे का भूत एकतारी नचाता रहता है। सब दंग होकर देखते रहते हैं।*

*नामा एकतारी पकड़ने की कोशिश करता है, पर पकड़ नहीं पाता।]*

**सभी लोग :** चमत्कार! नया चमत्कार! महाराज ने एकतारी नचाई। नामदेव महाराज की जय!

*[एकतारी अब फिर से नामा के हाथ में। भूत चुपचाप खड़ा है। लोग विठ्ठल का जयघोष करते हुए नाच रहे हैं। अब भूत उनके बीच से चलकर शान्ति से सीढ़ी की तरफ़ आता है। जटायु और तुम्बाजी उसके पीछे से प्रवेश करते हैं।]*

**आदमी-1 :** *(तुम्बाजी से)* पैर छू लो! महाराज ने एकतारी नचाई! हवा में नचाई! हमने देखी! कैसी अद्भुत लीला है!

*[तुम्बाजी एकदम नामा के पैरों पर लोट जाता है। लोग नए सिरे से जय-जयकार करने लगते हैं।]*

**नामा :** *(बुझ जाता है)* अरे...अरे पर...ये क्या...ग़लत कर रहे हैं आप।

**तुम्बाजी :** *(नाक घिसते हुए)* ग़लत नहीं, ठीक कर रहा हूँ महाराज! जटा, महाराज के चरणों पर नाक रगड़, नाक! देख क्या रहा है पागल की तरह?

*[जटायु वैसे ही करता है।]*

**नामा :** *(हड़बड़ाकर)* पर सच कहता हूँ, मेरा इसमें कुछ नहीं...।

**तुम्बाजी :** *(भक्तिपूर्ण चेहरे से)* जो है वो सब विठ्ठल का! उसकी करतूत! उसकी लीला! महाराज, आप और क्या कहेंगे? अहंकार से जो मुक्त हुआ, वो ही सच्चा योगी। शालीनता, नम्रता आप जैसों पर ही फबती है। जटा, देख, योगी के लक्षण ध्यान से देख! *(फिर से नामा के पैरों पर सख़्ती से नाक रगड़ता है।)*

*[नामा पैर हटाता है, जैसे उसे गुदगुदी हो रही हो।]*

**तुम्बाजी :** *(उठते हुए हाथ जोड़कर)* महाराज, हम आपके योगसामर्थ्य से आपके चरणों में आए हैं। हमारा उद्धार कीजिए।

*[जटायु को इशारा करता है। वह भी तुम्बाजी की तरह हाथ जोड़कर विनम्रता के साथ खड़ा रहता है।]*

**नामा :** *(कठिनाई से)* उ...!

**तुम्बाजी :** हमने साधना के नाम पर विद्वत्ता कमाई, पर जिसे आत्मज्ञान कहते हैं, वो तो आपको प्राप्त है।

**नामा :** मैं...सचमुच...*(नकारात्मक गर्दन हिलाता है।)*

**तुम्बाजी :** आपके सिर पर तो साक्षात् ईश्वर का हाथ है।

**नामा :** *(नकारात्मक गर्दन हिलाते हुए)* विठ्...*(ज़बान काटकर)*

**तुम्बाजी :** वही। विठ्ठल का। पंढरी का पांडुरंग आप पर प्रसन्न है। इतना होकर भी...*(जटायु से)* साधारण भले हो वेश का, है स्वामी कई गुणों का। यही पहचान है साधू की, जहाँ बसे हों भगवंतजी। *(नामा से)* महाराज, कृपा-प्रसाद दीजिए। भक्त को पावन कर दीजिए।

*[नामा की समझ में नहीं आता, क्या करे, क्या कहे! वह सिर्फ़ हाथ नचाता रहता है।]*

**नामा :** मैं सेवक...आपको क्या...

**तुम्बाजी :** *(जैसे अन्दर खुशियाँ उबल रही हों)* ओ-हो-हो! अद्भुत! स्वर्गीय! दिव्य! अद्वितीय! *(आँखें मूँदकर नाचने लगता है)* आनन्द! महाआनन्द!

*[नामासहित सभी दंग रह जाते हैं।]*

**नामा :** *(जटायु को पास बुलाकर)* वैसे क्या हुआ इन्हें?

**तुम्बाजी :** *(अचानक घोषणा करते हुए)* पाया! गुरुप्रसाद पाया! *(पैरों पर लोट जाता है)* जय गुरुमाऊली!

**नामा :** *(अस्वस्थता से)* मूँछें चुभ रही हैं...गुदगुदी।

**जटायु :** कैसा गुरुप्रसाद, महाराज?

**तुम्बाजी :** *(उठकर रोते हुए)* वो तू नामसमझ क्या समझेगा? वो या तो गुरुमाऊली को पता या भाग्यशाली साधक को पता!

आनन्द...अत्यानन्द...गुरुदेव, दास कृतज्ञ है। केवल अमृतानुभव!

*[नामा हड़बड़ाकर उसे देख रहा है।]*

*(बाकी उपस्थित लोगों से)* बोलो, सद्‌गुरु नामदेव महाराज की...

**सभी लोग :** जय! *(आपस में)* तुम्बाजी महाराज नामदेव महाराज के शिष्य बन गए।

**तुम्बाजी :** *(नामा से नम्रतापूर्वक)* महाराज, अब हाथ जोड़कर दास की एक ही प्रार्थना...*(झोली से एक थैली निकालकर आगे करते हुए)* ये फूल नहीं, फूल की पँखुड़ी है... छोटी-सी गुरुदक्षिणा है...इसको स्वीकार कीजिए।

**नामा :** *(संकोच के साथ)* नहीं, नहीं।

**पत्नी :** *(भीड़ से आगे आकर प्यार से थैली उठाते हुए)* रहने दीजिए न! लक्ष्मी को लौटाना शुभ नहीं होता...।

**जटायु :** *(उसे प्रणाम करते हुए)* गुरुमाऊली!

**तुम्बाजी :** गुरुमाऊली ने ठीक कहा।

**पत्नी :** समझ लीजिए, गुरुमाऊली ने दक्षिणा ले ली।

*[तुम्बाजी कृतज्ञता से गर्दन हिलाता है।]*

**तुम्बाजी :** *(नामा से)* गुरुचरणों में एक और अरज है। आपके सन्देश का प्रचार दुनियाभर में होना चाहिए। दुनिया अपने धर्म का सूरज देखे इसलिए आपको हर जगह पहुँचना होगा। भजन-कीर्तन करना होगा।

**नामा :** *(संकोच से बड़बड़ाते हुए)* नहीं...नहीं...

**तुम्बाजी :** चमत्कार दिखाकर सामान्य जनता को मोक्ष का मार्ग दिखाना होगा।

**जटायु :** बिलकुल! गुरुमहाराज ही ये कर सकते हैं। ये किसी और के बस का काम नहीं है। भक्तिमार्ग पर चलने से एक साधारण दर्ज़ी भी सिद्धपुरुष बन सकता है, ये सबको

मालूम होना चाहिए। गुरुमहाराज के आत्मोद्धार की कहानी सबके लिए एक प्रेरणा साबित होगी।

**तुम्बाजी :** गुरुदेव से अनुग्रह करना ही होगा। अब आप इनकार नहीं कर सकते। बाकी सारी व्यवस्था ये सेवक करेगा...

**जटायु :** ये पड़-चेला यानी चेले का चेला मदद के लिए है ही।

**तुम्बाजी :** पूरा महाराष्ट्र जान जाए, यही श्री की इच्छा है।

**जटायु :** श्री की इच्छा है।

*[नामा की समझ में कुछ नहीं आ रहा है।]*

**तुम्बाजी :** बोलो, गुरुवर नामदेव महाराज की...

**सभी लोग :** जय!

*[नामा को पालकी में बिठाकर बाजे-गाजे के साथ जुलूस निकाला जाता है। जुलूस रंगमंच पर घूमता है। सीढ़ी पर बैठा भूत ये सब एकचित्त से देख रहा है। उसके चेहरे पर नाराजगी है।]*

**पत्नी :** *(पालकी में बैठे नामा से चिल्लाकर)* अजी, गुरुदक्षिणा का ठीक से ध्यान रखिएगा, नहीं तो इसके-उसके हाथ लग जाएगी! मिलने पर ठीक से धोती में बाँधकर रखते जाइए... और कोई कुछ देना चाहे तो इनकार मत कीजिए।

*['हरिनाम' के नारे के साथ नामा को जुलूस के रूप में अन्दर ले जाते हैं। सिर्फ़ पत्नी पीछे रह जाती है। उसके हाथ में तुम्बाजी की दी हुई गुरुदक्षिणा की थैली है। खोलकर एकदम हर्षा जाती है।]*

हे भगवान! ये गुरु का फेरा तो बहुत अच्छा है!

*[खुशी में अन्दर जाती है। दूसरी तरफ़ से तुम्बाजी*

*और जटायु आते हैं।]*

**जटायु :** *(उत्सुकता से)* कैसा अमृतानुभव दिया गुरुदेव ने आपको? कौन-सा गुरुप्रसाद मिला?

**तुम्बाजी :** पागल है क्या? सब नौटंकी! अरे कुछ नहीं हुआ था। मैं यूँ ही नाटक कर रहा था।

**जटायु :** नाटक...इतना सच्चा?

**तुम्बाजी :** हो कहाँ? अध्यात्म में नहीं होता तो बहुत बड़ा अभिनेता हुआ होता मैं। उस पागल को चढ़ाने के लिए मैं नाटक कर रहा था।

**जटायु :** *(उनकी होशियारी पर दंग रह जाता है)* तो, अब आगे?

**तुम्बाजी :** आगे हम सन्त नामदेवबुवा के सुरस और सरस चमत्कारों के खेल गाँव-गाँव ले जाएँगे। लोगों को चमत्कार दिखाएँगे।

**जटायु :** हम यानी व्यवस्थापक?

**तुम्बाजी :** और तू उप-व्यवस्थापक।

**जटायु :** नसीब! नहीं, मतलब परमभाग कहना चाहता था!

**तुम्बाजी :** अब तेरे भाग खुल जाएँगे। हमारे नए खेल अब दे मार भीड़ के आगे खेले जाएँगे।

**जटायु :** जय गुरुदेव! नहीं, महागुरुदेव! क्योंकि गुरु का गुरु महागुरु!

**तुम्बाजी :** चलो, चेले।

*[जटायु आगे और पीछे तुम्बाजी मज़े में चले जाते हैं। पीछे भूत खड़ा है। वो गुस्से में है। कुछ देर वह यूँ ही खड़ा रहता है। इर्द-गिर्द तूफ़ान की आवाज़ें आने लगती हैं। आवाजें बढ़ती हैं। बिजली चमकती है। भूत नाराज़गी में रंगमंच से धीरे-से चला जाता है।]*

## दृश्य : सात

*[दृश्य बदलता है। नदी के घाट की जगह नामा का घर दिखाई देता है। ये सब घटते वक्त तूफ़ान की आवाज़ें अस्पष्ट होती जाती हैं। रात। अब रंगमंच पर केवल रात-कीड़ों की आवाज़ें सुनाई देती हैं।]*

**भूत :** *(पुकारता है)* नामा! नामदेव! नाम्या! बाहर निकल, नामदेव!

**नामा :** *(अन्दर से उनींदी आवाज़)* कौन है?

**भूत :** तेरा बाप। पहले बाहर निकल।

**नामा :** *(उनींदी आवाज़)* अभी नहीं...सवेरे...

**भूत :** बाहर निकल नहीं तो सिर चढ़कर बैठ जाऊँगा! अभी, इसी वक्त बाहर निकल।

**नामा :** *(नींद में ही बाहर आता है)* कौन? *(बाहर आकर नींद थोड़ी खुल जाती है)* आजकल दिनभर गड़बड़ चलती रहती है इसीलिए रात को जल्दी...माफ़ कर। नींद अभी भी टूटी नहीं।

*[भूत चुप है।]*

क्या है? किसलिए पुकारा?

*[भूत फिर भी चुप।]*

पुकारा न तुमने? या मुझे ही वहम...

**भूत :** चिल्ला रहा था...मैं चिल्ला रहा था।

**नामा :** यानी मैंने सचमुच तेरी आवाज़ सुनी? मेरी तो सच और झूठ की समझ ही जाती रही है जैसे। क्या हुआ? अब क्या नया?

**भूत :** शर्म नहीं आती पूछते हुए?

*[नामा हैरान]*

मुझे पूछे बगैर तूने बाहर के बाहर ही वचन भी दे दिया?

**नामा :** *(डरते हुए)* क्या हुआ? किसे वचन दिया?

**भूत :** नींद से जागकर याद कर। उस तुम्बाजी की चाल में फँस गया तू।

**नामा :** चाल? तुम्बाजी...बाबा की चाल में? वो तो सत्पुरुष हैं!

**भूत :** तेरे लिए तो सभी सत्पुरुष हैं। गधे, तुझे इस्तेमाल करने की कुटिल चाल है उसकी।

**नामा :** मुझे...मुझे क्यों इस्तेमाल करेंगे?

**भूत :** तेरी चलती की वजह से उसकी दुकान बन्द होने की नौबत आ गई है। उसके कीर्तन में कुत्ता तक नहीं जाता। इसीलिए तुझे इस्तेमाल करके वह अपना धन्धा जमाने के चक्कर में है।

**नामा :** छीः, छीः! उनका अधिकार कितना महान! उन पर शक करना महापाप।

**भूत :** नहीं तो उसके जैसा घमंडी आदमी क्यों अपने-आपको तेरे पैरों पर लोटाने चला आता?

**नामा :** उन्हें अनुभव मिला—अमृतानुभव।

**भूत :** अमृतानुभव किस चिड़िया का नाम है ये तुझे या तेरे तुम्बाजी को पता भी है? अरे वो झूठ बोल रहा था—झूठ। ढोंगी साला नाटक कर रहा था।

**नामा :** क्या सबूत है?

**भूत :** उसे अमृतानुभव कहाँ से मिलेगा?

**नामा :** कहाँ से मतलब...मिल भी सकता है।

**भूत :** इतना योग-सामर्थ्य प्राप्त है तुझे?

**नामा :** नहीं, पर चमत्कार तो हो रहे हैं।

**भूत :** अपने-आप?

**नामा :** नहीं, शायद तेरी वजह से ही...।

**भूत :** शायद? मेरी वजह से ही हो रहे हैं। तुझे आता ही क्या है? तेरा काम है सिर्फ़ झाँझ पीटना।

**नामा :** *(बुरा लगता है)* तो क्या लोग खामखाँ मेरे...

**भूत :** हाँ, खामखाँ। तू भोला है। मासूम दिखता है, इसीलिए लोगों को लग रहा है कि तू सन्त है। पत्थर भी तटस्थ रहता है फिर भी वो योगी नहीं कहलाता। मेरी वजह से तेरी सन्तगीरी चल रही है।

*[नामा को यह अच्छा नहीं लगता, वह नाराज़ हो जाता है।]*

पिशाचमाया को दैवी चमत्कार समझनेवाले बेवकूफ़ लोगों से ये दुनिया भरी पड़ी है।

*[नामा कुछ नहीं कहता।]*

नामा।

*[नामा चुप]*

ऐ नामा...

*[नामा चुप]*

नाराज़ हो गया? गुस्से में कह गया पर तेरे भले के लिए ही कह रहा था। तेरा कुछ ठीक नहीं चल रहा था तो मैं आया न तेरी मदद के लिए? खुद आया। दरअसल भूतों को इसकी इजाज़त नहीं है। तेरा ठीकठाक चले इसीलिए मैंने चमत्कार शुरू किए। मैंने तुझे सन्त बनाया...

*[नामा चुप]*

मुझे भी इसमें खुशी मिलती है। तेरी उन्नति में मैं जी रहा हूँ। एक तरह से मानव के रूप में जो बदकिस्मती मुझे सहनी पड़ी, उसी का बदला मैं ले रहा हूँ, वरना भूत बनकर जीने में कौन-सा सुख है? पर मेरी इज़ाजत के बगैर तूने निर्णय ले लिया।

**नामा :** मैं क्या तेरा गुलाम हूँ?

**भूत :** पर मैं तेरे लिए जब इतना कर रहा हूँ, तो क्या तेरा कर्त्तव्य नहीं था कि कुछ भी तय करने से पहले मुझसे पूछता?

**नामा :** मेरे पास भी अक्ल है।

**भूत :** पर मेरी जैसी पारदर्शी नज़र नहीं है। मुझे जो नज़र आता है, वो तू नहीं देख सकता।

**नामा :** तुम्बाजी महाराज का उद्‌देश्य नेक है। उन्हें साक्षात्कार हुआ है। इतना बड़ा आदमी मेरे पैर छूने को तैयार हो गया। वो भी सबके सामने।—चेलों के सामने, लोगों के सामने। सचमुच ही साक्षात्कार हुआ होगा, वरना वो मेरे जैसे को कीर्तन के खेल करने का न्यौता क्यों देते?

**भूत :** वो बेहद मतलबी और ढोंगी है।

**नामा :** किसी के बारे में ऐसा कहना ठीक नहीं। और अभी तो वे मेरे शिष्य हैं।

**भूत :** *(ज़ोर से हँसता है)* वो तेरा चेला? और तू उसका गुरु?

**नामा :** हाँ, अब वे गाँव-गाँव मेरे कीर्तनों का आयोजन करनेवाले हैं।

**भूत :** नामा, नामा, होश में आ। वो लुच्चा, बदमाश है।

**नामा :** मैं अन्दर चला जाऊँगा!

**भूत :** जा। नुकसान किसका होगा? मेरा?

**नामा :** *(घर की ओर जाते हुए)* ठीक है...।

**भूत :** ऐ...सुन...अरे...बात तो सुन मेरी...रुक!

*[नामा रुक जाता है।]*

*(भावुक होकर)* तुझे मदद करना शायद मेरी ही ज़रूरत है। मैं इससे आज़ाद नहीं हो पाऊँगा। वही एक सच्चा अर्थ बचा है मेरे जीने का, वरना तो श्मशानों में, जंगलों में बेवजह भटकना, जी का दर्द असह्य होने पर चीखना-भर रह जाता है। जीवितों की दुनिया इस चीख को तूफ़ान का नाम देकर अपनी-अपनी खिड़कियाँ

कसकर बन्द कर लेती है। हमारा हुंकार तुम लोगों को उल्लू का घुघुआना लगता है तो हमारी आहें मन का वहम। हमारी बेचैनी पत्तों की सरसराहट लगती है तो हमारे आँसू चमगादड़ का पेशाब। हमें माननेवाले हमें अस्पृश्य समझते हैं और बाकी तो 'अन्धश्रद्धा' के नाम पर हमारा होना ही *(अस्तित्व ही)* नकारते हैं। इतना अपमान और उपेक्षा सहकर भी हम अपना भूत का जीवन जहाँ तक हो सकता है, तुम इनसानों की संगत में, तुम लोगों की छाया में, तुम्हारी साँसें झेलते हुए जीते हैं। मुझे छोड़कर मत जा। मुझे इनसानों से डर लगता है, लेकिन तुझसे नहीं लगा। इनसान चालाक़ होते हैं, हिसाबी होते हैं। क्रूर और चालबाज़ होते हैं, लेकिन तू वैसा नहीं लगा। तू भरोसे का लगा, तभी तो मैंने तुझसे नाता जोड़ा। इसीलिए तुझसे बातें करने लगा, तुझे दिखने भी लगा। तू चला जाएगा तो फिर से सबकुछ खत्म हो जाएगा। मत जा। मैं बिना किसी तक़रार के तेरी मदद करूँगा। पर सावधानी बरत। तेरी जमात ही तुझे धोखा देगी, अनुभव से कह रहा हूँ। मुझे अपनी चिन्ता नहीं। मेरी चिन्ता क्या करनी? मैं तो मर ही चुका हूँ, पर मैं तेरे लिए चिन्तित हूँ।

**नामा :** *(मुड़कर)* झगड़ा खत्म। लेकिन इसके बाद तुम्बाजी महाराज के बारे में उलटी-सीधी बात नहीं।

**भूत :** *(उदासी से)* नहीं बोलूँगा।

**नामा :** और मुझे बता, तू भूतों की योनि में कैसे पहुँच गया? ऐसी क्या बात हो गई कि रात-दिन यूँ अतृप्त रहकर भटकना तेरी किस्मत बन गया?

**भूत :** पुराने ज़ख्म क्यों कुरेदना चाहता है? पर ज़ख्म अभी भरे ही कहाँ हैं? वो तो वही रहे हैं—सालों से। नई-नई जवानी आई थी। भिक्षुक के घर की पैदाइश और परम्परा ऐसी कि भिक्षुक के बेटे को भी भिक्षुकी ही करनी चाहिए।

मन झुलस रहा था और पेट जलाने के लिए श्रावणी, अभिषेक करता हुआ जी रहा था। लेकिन गर्म खून जोश मारने लगा था। मन में दिन-रात आकांक्षाएँ नाचती रहती थीं। वैभव हासिल करके अच्छे कपड़े पहनकर घोड़ागाड़ी में घूमने की इच्छा, सुन्दर लड़कियों को भोगने की इच्छा, मर्दानगी की सारी मर्यादाएँ पार करने की इच्छा—ये सारी इच्छाएँ बदन में ऐसी ज्वाला भड़काती थीं कि किसी भी तरह से फिर शान्त नहीं होती थीं। शान्त कैसे होतीं? जिनके घर श्रावणी-अभिषेक करने जाना पड़ता था, उन्हें हमेशा इन सुखों में लीन, तृप्त देखता था। मन में ईर्ष्या की आग भड़क उठती। ऐसा क्या है उनमें जो मुझमें नहीं? और तभी एक बड़े घर की सुन्दर स्त्री की नज़र मुझ पर पड़ी। वह उम्र में मुझसे बड़ी थी। अल्पायु में ही विधवा बन गई थी इसीलिए अतृप्त थी, निपुत्री थी। मेरी उन्मादक जवानी ने उसे बेचैन कर दिया। मैं भी उस मोह में फँस गया। कुछ दिन चोरी-चोरी सब ठीक चल रहा था। एक-दूसरे के ज़रिए हम दोनों ने सारे सुख हासिल कर लिए थे। मैं तो महत्त्वाकांक्षा के शिखर पर आरूढ़ था। यहाँ से तो यूँ लगता था जैसे स्वर्ग एक हाथ दूर है। उसके पास कमनीय शरीर था, रूप था। उसके मृत पति की जायदाद की वह अकेली वारिस थी। सिर्फ़ उसका देवर हमारे रास्ते का रोड़ा था। वह उस पर नजर रखता था। देवर को डर था कि उसके ज़रिए घर की जायदाद घर के बाहर चली जाएगी... इसीलिए वह सतर्क रहता था। मैं उसे उस कैद से आज़ाद कराता तो सारे सुख मुझे हासिल हो जाते। मैंने उसका विश्वास जीता। योजना बनाई—उसे भगा ले जाने की योजना। अपनी सारी बुद्धि मैंने उस योजना में लगा दी। पूरी योजना तैयार हुई। पर चोरी से दूध पीनेवाली बिल्ली खुद आँखें मूँद लेती है तो उसे लगता है कि सारी दुनिया ने आँखें

मूँद ली हैं। मेरी योजना शत्रु के कानों तक पहुँच चुकी थी। शायद उसी ने उन तक पहुँचाई थी, वरना इतनी सावधानी बरतने के बावजूद उन्हें कैसे पता चलता? मेरी योजना असलियत में आने से पहले ही उन कुटिल बुद्धि लोगों ने मुझे मारने के लिए गुंडे भेजे। एक रात तड़पा-तड़पाकर मुझे मारा गया। पहले पैर तोड़े, फिर हाथ तोड़े, फिर गोटियों की चटनी कर दी। धीरे-धीरे जानवर की तरह चीखते हुए मैं मर गया। और जब मुझे ऐसी मौत नसीब हो रही थी, उस वक्त मेरी प्रियतमा को मेरे सामने खड़ा किया गया था। उन ज़ख़्मों से ज़्यादा दर्द उस अपमान का था शायद...अभी भी याद... *(जानवर की तरह चिल्लाता है, सिर पीटता है, तड़पता है, ज़मीन पर लोट-पोट होता है, फिर धीरे-धीरे थक जाता है।)* विरासत में मिली भिक्षुकी से बड़ी महत्त्वाकांक्षा रखने की जुर्रत की सज़ा थी वो। भगवान ने जैसा रखा है, वैसा ही रहना चाहिए, इस दैवी वन्दना को मैंने भंग किया था। उसका सिला मिला—सपना देखने का सिला...उड़ान भरने का सिला। चाँद की ज़िद केवल राजपुत्र को ही शोभा देती है, मामूली भिक्षुक के बेटे को नहीं—क्यों? *(चीखता है)* क्यों? क्यों?

*[देखते-देखते भूत सामान्य स्थिति में आ जाता है। लेकिन रोता रहता है।]*

**नामा :** बहुत भयंकर है।

**भूत :** भयंकर, महाभयंकर! तुझे ये बहुत भयंकर लगता है? तुझे भी क्या मालूम, आकांक्षा किस बला का नाम है! ये तुझे पता नहीं है। भोलाभाला भक्तिमार्गी तू—तुझे नहीं समझ में आएगी मेरी तकलीफ़। शायद किसी को भी समझ में न आएगी—किसी को नहीं...।

**नामा :** *(दुखी होकर)* माफ़ कर। मुझे नहीं पूछना चाहिए था।

**भूत :** जा यहाँ से। मुझे अकेला रहने दे।

*[नामा के पैर नहीं उठते।]*

जा! कह रहा हूँ न—जा!

*[नामा घर की तरफ़ बढ़ता है।]*

*[भूत अकेला खड़ा रहता है। उस पर रोशनी। वह अब भी बेचैन है। कहीं दूर तूफ़ान चलने की आवाज़ें। भूत के ऊपर की रोशनी धीरे-धीरे कम होकर बुझ जाती है।]*

***[पर्दा गिरता है]***

# दूसरा अंक

## दृश्य : एक

*[दूसरे गाँव का मन्दिर। कीर्तन चल रहा है। नामा के पीछे खड़े तुम्बाजी और जटायु साथ दे रहे हैं। नामा का वेश-भूषा बदला हुआ है। अभी वह बुवा लग रहा है।]*

**नामा :** लक्ष्मी तेरी दासी,
हमें आस भिक्षा की।
इससे तेरा ही नाम,
न हो जाए बदनाम।
कुबेर तेरा भंडारी,
हम भटके बारी-बारी।
कैसा ये पुरुषार्थ मुरारी,
तुझ पै आया।

*[कीर्तन खत्म होता है। इसके चलते ही भूत सीढ़ी पर आकर बैठता है। लेकिन उस पर रोशनी नहीं है। लोग नामा के पैर छूते हैं। दक्षिणा रखकर चले जाते हैं। सबके जाने के बाद नामा, तुम्बाजी और जटायु रह जाते हैं।]*

**तुम्बाजी :** वाह, वाह, वाह! नामदेव महाराज, आज तो कीर्तन का रंग ही कुछ और था। नहीं जटायु?

*[तुम्बाजी इशारे से दक्षिणा इकट्ठा करने के लिए*

*कहता है।]*

**जटायु :** *(दक्षिणा इकट्ठा करते हुए)* बेशक! अभी तक नशा बाकी है।

**तुम्बाजी :** कैसी प्रासादिक वाणी! कैसा निरूपण!

**जटायु :** *(दक्षिणा को व्यवस्थित ढंग से रखते हुए)* अभी तक वैसे मैं परलोक में हूँ। लौकिक में कोई अर्थ नज़र नहीं आता। मिथ्या! सब मिथ्या!

**तुम्बाजी :** कीर्तन करते वक्त बुवा में जैसे किसी शक्ति का संचार होता है।

**नामा :** *(खुश होकर)* नहीं...संचार नहीं...

**तुम्बाजी :** संचार यानी अलंकारिक अर्थ से कह रहा था मैं। आपका कीर्तन यानी एक अद्भुत अनुभव होता है।

**जटायु :** भूत...हाँ, अद्भुत। बेशक!

**तुम्बाजी :** वैसे तो बुवा चमत्कार करते ही हैं, पर इनका आख्यान भी किसी चमत्कार से कम नहीं।

**जटायु :** भीड़ ही देखिए न--बेशुमार भीड़! हम जिस गाँव में जाते हैं उस गाँव के ही नहीं, आसपास के दस गाँवों से भी लोग केवल कीर्तन सुनने के लिए मीलों पैदल आते हैं। बेचारे!

**नामा :** *(खुश होकर)* आपके साथ में कीर्तन में रंग चढ़ता है।

**तुम्बाजी :** *(जटायु से)* देखो, कैसा विनय, देखो! *(नामा से)* बुवा, हम लोग तो जिन्दगीभर कथा-कीर्तन ही करते आ रहे हैं, पर ऐसी भीड़ कभी इकट्ठा नहीं हुई।

**जटायु :** उलटे इनके चमत्कारों की वजह से अपना तम्बू एकदम बं.... *(तुम्बाजी की तरेरी हुई आँखें देखकर ज़बान काटते हुए)* ऐसी भीड़ रहती थी। हाँ, भीड़ रहती थी बेशक, लेकिन इतनी नहीं। ये तो बहुत ज़्यादा है।

**तुम्बाजी :** दक्षिणा का हिसाब साफ़ रखना। भगवान का पैसा है। आज कुछ लोग तो कीर्तन में रो रहे थे।

**जटायु :** खुशी के आँसू होंगे। अध्यात्म की खुशी। एक महिला

तो मुँह में पल्लू ठूँसकर रो रही थी।

**तुम्बाजी :** कमाल है।

**जटायु :** और एक तो पीछे बैठकर बेशुमार खुशी समेट रही थी। उसने भी मुँह में पल्लू ठूँसा था।

**तुम्बाजी :** भक्तिपंथ की खुशी!

**नामा :** नहीं, वो...मतलब...मेरी औरत थी। भीड़ देखकर वह खुशी से पागल हो रही थी।

**तुम्बाजी :** देखा, जटायु, गुरुमाऊली की खुशी में गुरुपत्नी की खुशी!

**नामा :** वैसा नहीं। उसे आध्यात्मिक दृष्टि नहीं है। भोली है बेचारी। भीड़ ज़्यादा तो ज़्यादा दक्षिणा। इसीलिए वह खुशी से पागल हो रही थी।

**तुम्बाजी :** कैसा भोलापन!

**जटायु :** सचमुच!

**नामा :** आज का चमत्कार ठीक-ठाक था न?

**तुम्बाजी :** इससे और बढ़िया होना चाहिए था, पर जो हुआ वो भी कोई हलका नहीं था।

**जटायु :** तम्बोरी भी क्या नाची है—वाह! चमत्कार करना तो बुवा के हाथ का मैल बन गया है।

**तुम्बाजी :** लोग दंग रह जाते हैं।

**जटायु :** उँगलियाँ चबाते रह जाते हैं।

**नामा :** हो जाता है, बस! मैं कौन करनेवाला?

**जटायु :** करनेवाला तो वो है...पर हमारे लिए नहीं करता वो ऐसे चमत्कार। आपके लिए ही क्यों करता है? इसका मतलब ही ये है कि आपको दैवीय सिद्धि प्राप्त है।

**नामा :** *(गर्दन हिलाते हुए)* नहीं, नहीं...!

**तुम्बाजी :** नहीं कैसे?

**जटायु :** सवाल ही नहीं। छिपाइए मत, हमें सब पता है। आपके पास दैवीय सिद्धि है और...*(तुम्बाजी की ओर निर्देश करते हुए)* इनके पास नहीं...*(सँभालते हुए)* यानी अभी

प्राप्त होनी है...पर होगी!

**तुम्बाजी :** तो, जट्या...नहीं, जटायु...कल अगले पड़ाव की ओर प्रस्थान करना है।

**जटायु :** पर, गुरुदेव...नहीं, ये *(नामा की ओर इशारा करके)* गुरुदेव, तो *(तुम्बाजी से)* उप-गुरुदेव, मैंने देखा है कि गाँव बदलने पर भी चाहतों का एक खास गुट हर खेल के लिए हाज़िर रहता है।

**तुम्बाजी :** अच्छा? बुवा के असीम भक्त होंगे वो...!

**जटायु :** या फिर विरोधी भक्त भी हो सकते हैं। पर मुझे लगता है, बार-बार आनेवाले इस शकी प्रेक्षक वर्ग को ध्यान में रखते हुए कार्यक्रम में हर वक्त कोई-न-कोई बदलाव लाना ज़रूरी है, वरना लोग तंग आ जाएँगे।

**नामा :** आख्यान तो रोज़ नया ही होता है।

**जटायु :** पर चमत्कार तो ज़्यादातर पुराने ही होते हैं। तम्बोरी का नाचना, गुरुदेव की मुट्ठी में से दुग्धधारा तथा शिवलिंग प्रगट होना...और ज़्यादा से ज़्यादा भगवान की मूरत से गुलाल का झरना।

**नामा :** लोग नाम-संकीर्तन से मिलनेवाली खुशी के लिए आते हैं।

**जटायु :** एकदम ग़लत।

**तुम्बाजी :** *(सँभालते हुए)* उसका मतलब है, लोग भले ही कीर्तन के लिए आते हैं पर नए-नए चमत्कार देखना उन्हें अच्छा लगता है। है न जटायु?

**जटायु :** आप तो मन की बात पढ़ना जानते हैं।

**तुम्बाजी :** जटायु ने जो कहा, वो कोई एकदम ही ग़लत नहीं कहा। संकीर्तन की खुशी तो प्रमुख है ही, पर अब चमत्कार आपके कीर्तन का अभिन्न हिस्सा बन गया है। और लोग अगर उनमें नवीनता की अपेक्षा करने लगें तो उसमें ग़लत क्या है?

**नामा :** ठीक है। मैं कहता हूँ...*(ग़लती महसूस कर थूक निगलता*

*है)* वही...कहता...मतलब सोचता हूँ।

**तुम्बाजी :** बराबर है। आखिर चमत्कार तो वही करता है। पूछना ही पड़ेगा।

*[नामा यंत्रवत् गर्दन हिलाता है। वह थका हुआ है।]*

अच्छा, जटायु, महाराज को अब विश्राम करना चाहिए। देख, कितने थक गए हैं वो! चल, हम अगले कार्यक्रम की योजना बनाते हैं। महाराज, आप विश्राम कीजिए।

*[दोनों जाते हैं। नामा अकेला रह जाता है रंगमंच पर। अन्दर गए हुए तुम्बाजी और जटायु धीरे-से पीछे आकर खड़े हो जाते हैं।]*

**नामा :** *(थोड़ी देर इधर-उधर देखकर)* विठ्ठला...

*[भूत सीढ़ी से उतरकर रंगमंच के पास आकर खड़ा हो जाता है।]*

**नामा :** नए चमत्कार चाहिए। लोग वही-वही देखकर तंग आ रहे हैं। तम्बोरी का नाच, मुट्ठी से दूध की धारा निकालना, शिवलिंग का प्रगट होना, गुलाल का झरना—सब पुराना हो गया।

**भूत :** ऐसा वे कह रहे थे—गोसावी।

**नामा :** मेरे भक्त हैं वे।

*[भूत चुप रहता है।]*

**नामा :** काला देखनेवाले को सब काला ही दिखता है। ऐसी अवस्था है तेरी। आखिर भूत ही है न, तुझे अच्छाई कैसे दिखेगी? उनकी वजह से ही मेरा चल रहा है।

**भूत :** क्या चल रहा है, वो एक बार देख लेना।

**नामा :** अच्छा चल रहा है। मुझे कितना मान है! लोगों का मेरे प्रति कितना आदर है—कितनी लोकप्रियता! और

दिन-ब-दिन वह बढ़ ही रही है। कल तक साधारण नामा दर्जी था, आज हरिभक्तपरायण कीर्तन कलानिधि नामदेव बुवा हरफलकर महाराज बन गया हूँ। कल समय पर कपड़े नहीं देता या, तो पैरों तले रौंद देते थे लेकिन आज मेरे कदमों पर सिर रखकर नाक रगड़ने को कैसे बेताब रहते हैं!

*[भूत चुप रहता है।]*

सुना? तो कल से रोज नया चमत्कार चाहिए। बस! अब वही-वही नहीं चलेगा।

*[भूत कुछ कहना चाहता है, पर चुप रहता है।]*

बोलो न, क्या बोल रहे थे?

*[भूत गर्दन हिलाकर इनकार करता है।]*

मैं जा रहा हूँ। नींद आ रही है। अब नए चमत्कारों के बारे में सोचना शुरू कर दो। हर रोज नया चमत्कार चाहिए, बस...!

*[नामा जाता है। भूत वैसे ही खड़ा रहता है—एकदम स्तब्ध। फिर धीरे-धीरे वह भी चला जाता है। जटायु और तुम्बाजी एक-दूसरे के हाथ पर बिना आवाज़ की ताली देकर चले जाते हैं।]*

## दृश्य : दो

*[दृश्य बदलता है। नामा की झोंपड़ी। नामा की पत्नी सपनों में खोई है।]*

**पत्नी :** कीर्तन का एक खेल मतलब एक खेल में तो पचास कहीं नहीं गए। इसी तरह ऐसे दस खेल...बीस...तीस...

पचास...सौ...बाबा रे बाबा! पचास सौ मतलब कितने? हिसाब ही नहीं आता मुझे। सोचती हूँ, किसी से पूछ लूँ, पर वो भी ठीक नहीं। फिर तो सबको पता चल जाएगा कि हमारे पास कितना पैसा है। माँगेंगे। चुरा भी सकते हैं। क्या कहा जा सकता है! पैसा बोला तो शक्कर पर जैसे मुँगड़े टूट पड़ते हैं वैसे टूट पड़ेंगे सब। फलाना चाचा और फलाना मामा। कौन ससुराल का और कौन मायके का। मैं किसी को कुछ भी नहीं दूँगी। सारा पैसा जमा करके रखूँगी। पर गाड़के रखना चाहिए या हंडे में छिपाकर रखना चाहिए, या फिर ब्याज पर उठाना चाहिए? साहूकारी करने पर पैसा बढ़ेगा। या जमीन खरीदूँ? ब्याज पर उठाया तो वसूली आई। मेरा दीवाना वसूली के किसी काम का नहीं। वो तो बस कीर्तन करने के लिए ही ठीक है। मतलब हो चुका! वसूली के लिए एक आदमी रखना होगा। अब आदमी कितने भी भरोसे का हो पर कुछ कहा जा सकता है क्या? एक दिन ले ली हमारी जान और भाग गया सारा पैसा लेकर, तो क्या करेंगे? नहीं, साहूकारी नहीं। किराना की दुकान लगाई तो कैसा रहेगा? ये मेरा बैठेगा तम्बूरी लेकर। ग्राहक आया तो उतना माल देकर, फिर है ही विठ्ठल का भजन। पर ये तो ऐसे हैं, माल दे देंगे और पैसा लेना ही भूल जाएँगे। मतलब मुझे ही गल्ले पर बैठना पड़ेगा। पर धन्धे का कोई क्या कहे? चला तो चला, नहीं तो बैठ गया। धन्धा बैठ गया तो पैसा तो चला ही जाएगा। नहीं बाबा! अभी पैसा ज़्यादा नहीं हुआ। वो ज़मीन का ही धन्धा ठीक लगता है।

*[गावकरी आता है—कुछ कहने की जल्दी में।]*

**गावकरी :** काकी...काकी ही न...आप नामा काका की...? आप ही तो...काकी, आज नामा काका ने कीर्तन में कैसा ज़ोरदार

चमत्कार कर दिखाया!

**पत्नी :** अच्छा! क्या किया?

**गावकरी :** कीर्तन चल रहा था और अचानक ऊपर की छत टूटकर कड़ाक से नीचे आया...

**पत्नी :** *(डर से)* हे भगवान! वो तो ठीक हैं न?

**गावकरी :** यही तो कमाल है! किसी को कुछ नहीं हुआ। छत बराबर जहाँ कोई नहीं था, वहीं जाकर गिरी।

**पत्नी :** *(राहत की साँस लेते हुए)* बच गई बाबा! *(भक्तिभाव से)* भगवान की कृपा है सारी!

**गावकरी :** ग़लत! भगवान की कैसी कृपा? ये काका का चमत्कार! छत गिरने की आवाज़ होते ही सब लोग ऐसे डर गए काकी कि क्या बताऊँ! पर जब वो जहाँ कोई नहीं था, वहाँ धीरे से गिर गई तो तालियों की आवाज गूँज उठी। लोगों ने सिर पर उठा लिया काका को। वा, वा, वा! काका की कैसी लीला! काकी, काका की पत्नी होना कैसा लगता है आपको—आँ?

**पत्नी :** बहुत अच्छा लगता है रे! मतलब मेरा नसीब वैसे ही बहुत ज़ोरदार है। बचपन में ही सब कहते थे कि लड़की घर का नाम रौशन करेगी।

**गावकरी :** काका हमारे गाँव के हैं, ये सोचने से ही मेरा वजन बढ़ जाता है। हर तरफ़ नामा काका का नाम होगा। अद्भुत चमत्कार दिखानेवाला इनसान बोलके नामा काका का नाम इतिहास में छप जाएगा और अपने गाँव का भी।

**पत्नी :** *(खुशी से)* मेरा भी।

**गावकरी :** हाँ, आपका भी। अब कल कौन-सा नया चमत्कार होता है, देखना है। छँ, छँ, छँ। मुझसे तो कल तक रुका नहीं जा रहा। सवेरे उठते ही ये ही विचार आता है कि आज कौन-सा चमत्कार देखने को मिलेगा। दूसरा विषय नहीं। अच्छा, चलता हूँ। कल फिर से कीर्तन के लिए जाना है।

**पत्नी :** सचमुच? आना। आना, हाँ।

*[गावकरी जल्दी से जाता है।]*

धाड़ से छत नीचे आई! ये कैसा भयंकर चमत्कार!

*[अन्दर जाती है।]*

## दृश्य : तीन

*[दृश्य बदला हुआ। दूसरा गाँव। मन्दिर। नामा, तुम्बाजी, जटायु। नामा डरा हुआ।]*

**तुम्बाजी :** कुछ भी कहिए महाराज, आज का सुनहरा अवसर आपने हाथोंहाथ गँवाया। तुम्हें क्या लगता है जटायु?

**जटायु :** बेशक! अवसर का फायदा उठाने में आपकी बराबरी कोई नहीं कर सकता।

**तुम्बाजी :** *(जल्दी से, नामा को)* उस छत गिरने के सन्दर्भ में आप दैवीय क्रोध की बात कह सकते थे। गाँव पर भगवान क्रोधित हुए हैं, ऐसा कहकर...

**जटायु :** होम, हवन आदि कामों के लिए दूध, घी, दही, मक्खन, बकरा, और तो और, पैसा भी माँग सकते थे।

**तुम्बाजी :** सवाल पैसे का नहीं था। हर गाँव में धार्मिकता और श्रद्धा बढ़ाना ज़रूरी होता है।

**जटायु :** क्योंकि उसका हमीं को फिर फायदा मिलेगा।

**तुम्बाजी :** धर्म और श्रद्धा बढ़ने से किसी भी समाज का उत्कर्ष दूर नहीं होता।

**जटायु :** और अपना भी।

**तुम्बाजी :** *(नामा से)* इसीलिए...मतलब मैं जो कह रहा था, आज के चमत्कार को हम सही अर्थ में मोड़ सकते थे।

*[नामा घबराया हुआ है, इसीलिए कुछ कहता नहीं।]*

क्यों जटायु?

**जटायु :** बेशक। मैंने तो पहली बार ऐसा भयंकर चमत्कार देखा। अभी तक थरथराहट है बदन में।

**तुम्बाजी :** छत का टूटना तो फिर भी समझ आता है पर किसी को चोट पहुँचाए बगैर उसका एक तरफ़ जाकर गिरना तो वाकई में अद्‌भुत है।

**जटायु :** पलभर के लिए लगा कि वो उपगुरुदेव के...यानी पलभर के लिए ही...पर कैसे सम्भव है? यानी क्या मजाल है कि वैसा होगा!

**तुम्बाजी :** *(नामा से)* इसके बाद...ऐसा दिव्य-भयंकर चमत्कार होते ही आपको अपने कीर्तन की दिशा बदल देनी चाहिए और दैवी प्रकोप की ओर इशारा करते हुए महायज्ञ की घोषणा करनी चाहिए।

**जटायु :** हाँ, करनी ही चाहिए। ये...ये दैवी आज्ञा ही तो है! श्रद्धा बढ़नी चाहिए और सबसे पहले तो जान सलामत रहनी चाहिए!

**तुम्बाजी :** चमत्कार का फायदा उठाना चाहिए।

**जटायु :** यानी लोक-कल्याण के लिए!

**तुम्बाजी :** ऐसा हुआ तो सतयुग आया ही समझो!

**जटायु :** ये क्या, मोड़ पर ही है! पर तब तक जान रहनी चाहिए...

**तुम्बाजी :** विठ्ठल, विठ्ठल। जब तक उसकी छाया है तब तक हमें किसी चीज़ का डर नहीं।

**जटायु :** हमें है...मतलब, नहीं।

**तुम्बाजी :** *(नामा से)* तो गुरुदेव, इसके बाद ये चमत्कार और ये यज्ञ—ऐसी आपकी नीति होनी चाहिए।

**जटायु :** दूध, घी, शहद की नदियाँ बहनी चाहिए—होमकुंड की ओर।

बकरों की कतार लगनी चाहिए—होमकुंड के आगे।

**तुम्बाजी :** चलो, जटायु, संकल्पित यज्ञ की तैयारी में हमें लग जाना चाहिए।

**जटायु :** जैसी आज्ञा उप-गुरुदेव!

*[दोनों चले जाते हैं।]*

**नामा :** बाबाओ, इसके बाद से चमत्कार बन्द।

**तुम्बाजी-जटायु :** *(चौंककर)* क्या? क्या कहा गुरुदेव ने?

**नामा :** आज के बाद चमत्कार नहीं। नहीं चाहिए चमत्कार।

**जटायु :** ऐसे कैसे? चमत्कार नहीं यानी खेल ही खत्म!

**तुम्बाजी :** आज तो सबसे बढ़कर चमत्कार होने चाहिए!

**जटायु :** यज्ञ चाहिए, यज्ञ—महायज्ञ!

**नामा :** *(कमज़ोर आवाज में)* यह सब मुझसे नहीं होगा। मुझसे मत कहिए। मैं थक गया हूँ। आज के बाद सिर्फ़ नामसंकीर्तन किया जाएगा।

**जटायु :** चमत्कार और जादू बगैर नामसंकीर्तन सुनेगा कौन? वो कुछ नहीं, उपगुरुदेव, चमत्कार तो होने ही चाहिए।

**तुम्बाजी :** *(उसे इशारे से)* गुरुदेव को एकान्त की आवश्यकता है। थक गए हैं, बेहतर होगा कि हम उन्हें अकेला छोड़ दें।

*[दोनों जाने के बहाने से एक तरफ़ आते हैं। उनके पीछे भूत प्रगट होता है।]*

**जटायु :** *(धीरे से)* ये तो गड़बड़ हो गई। सन्तों की खाल ओढ़नेवाला ये पिशाच-मित्र साला कुछ ज़्यादा ही अकड़ गया। चमत्कार नहीं माने अपनी तो दुकान बन्द।

**तुम्बाजी :** *(धीरे से)* ऐसे कैसे चमत्कार नहीं होंगे? चमत्कार होंगे! चल तू! इस तुम्बाजी की दुकान बन्द करनेवाला अभी पैदा होना बाकी है। चमत्कारों के चमत्कार घटेंगे अब।

*[दोनों जाते हैं। नामा रंगमंच पर। अधोमुख।*

*क्लेशयुक्त चेहरा। भूत नामा के पास आता है। कुछ दूरी पर रुकता है।]*

भूत : *(नामा देखकर अनजान बन रहा है, यह जानकर)* नामा!

*[नामा चुप]*

नामा, मैं आया हूँ।

*[नामा चुप]*

नाराज़ हो गया नामा?

*[नामा चुप]*

मैं तुझसे माफ़ी माँगता हूँ।

*[नामा चुप]*

गुस्से में मुझसे ग़लती हो गई।

*[नामा कुछ नहीं कहता।]*

मैं तो मूल से ही बहुत गुस्सेवाला हूँ। ऊपर से कल तुमसे मिलने के बाद तो मेरा दिमाग ही घूम गया। मुझे अपना गुस्सा रोकना चाहिए था, पर नहीं रोक सका। भूतों को कहाँ से आएगा काबू में रहना! बेकाबू इनसान ही तो भूत बनते हैं। वैसे एक बात तो तुम्हें माननी होगी कि उस हिसाब से मैंने अपने-आप पर फिर भी बहुत काबू रखा है। तेरे सिर पर वो छत गिराने का मैंने तय किया था। लगा कि इतना कैसे कोई भोला और बुद्धू हो सकता है? इतना कैसे कि कोई भी जेब में डाल ले? ऊपर से मुझ पर तेरी दादागीरी! कल से नए चमत्कार चाहिए! सोचा, मैं क्या नौकर हूँ इसका? इसने क्या मुझको खरीद लिया या चाकर रखा है? अपनी मर्ज़ी से मैंने मदद करनी

चाही, इसका मतलब ये नहीं था! तुझे गिन-गिनकर गालियाँ बकीं, फिर भी दिल को तसल्ली नहीं मिल रही थी। तेरे जैसे बुद्धू लोगों से मुझे सख़्त चिढ़ है--शुरू से ही। मेरा यह मानना है कि ऐसे लोगों ने जितना दुनिया का नुकसान किया है उतना किसी और ने नहीं किया। एकाध बार दुष्ट लोग चलेंगे पर दुष्टों को पोसनेवाली ये भोली जमात इस दुनिया से हटा देनी चाहिए, इस मत पर तो मैं अपनी ज़िन्दगी में ही पहुँच गया था। पर पता नहीं क्यों, तुझ पर दिल आ गया। तू भी उन्हीं में से एक बुद्धू शिरोमणि है, ये जानकर भी तुझ पर दिल आ गया। हो सकता है, कोई पिछले जन्म का सम्बन्ध हो। पर ये सच है कि कीर्तन में अध्यात्म कथन करने में रत तेरा बावला चेहरा देखकर मेरा क्रोध निश्चय ही डगमगा गया। गीता के श्लोक तू जिस आत्मविश्वास के साथ ग़लत गा रहा था और उनका निरूपण करते वक्त उनके अर्थ का खून जिस तरह कर रहा था, मेरी इच्छा हुई, मैं तेरा खून कर दूँ, पर मैं ऐसा नहीं कर सका। फिर सोचा, लगे हाथ तुम्बाजी का ही काम तमाम कर दूँ। फिर सोचा, उसे खत्म करके क्या होगा? दुनिया में तुम्बाजिओं की कमी नहीं है। उनकी जात तो बढ़नेवालों की है। उलटे साला कीर्तन करते वक्त मर गया तो पुण्यात्मा कहलाएगा। इसीलिए छत खाली जगह पर पटकी। गुस्से में कुछ ज़्यादा ही ज़ोर से पटकी--जन्म से ही गुस्सेवाला था न, इसीलिए। अब मुझे अपने भोले दिल से माफ़ कर दे। तू सन्त है न, तो मुझे माफ़ी देनी ही होगी!

*[नामा की आँखों से आँसू की धाराएँ बहने लगती हैं।]*

*(दंग)* नामा!

**नामा** : मुझे और शर्मिन्दा मत कर। *(आगे बोल नहीं पाता)*

**भूत :** *(उसके पास थोड़ा फासला रखकर बैठता है)* अरे, रो क्यों रहा है? मुझे तो लगा था कि तू बहुत भड़का होगा... और तू रो रहा है?

**नामा :** मैंने बेकार ही तुझे आजमाया।

**भूत :** *(उदास हँसी)* मुझे ज़िन्दगी आजमा चुकी है, तू क्या आजमाएगा!

**नामा :** मेरी मदद के लिए आया और मैं तुझे इस्तेमाल करने लगा। जैसे कि तू मेरा नौकर है।

**भूत :** इसीलिए तो मुझे गुस्सा आया। पर सच कहूँ, मैंने ही ख़ुद तुझे पकड़ा है। अपनी अपूर्ण इच्छाएँ पूरी करने के लिए तुझे प्यादा बनाया। मेरा स्वार्थ तो था ही। स्वार्थ ने आखिर स्वार्थ को ही जन्म दिया तो क्या ग़लत हुआ? फुटुस हो गया। चल, पिछली सारी बातें भूल जाते हैं। मैं अब गुस्सा नहीं करूँगा।

**नामा :** मैं तुझे संकट में नहीं डालूँगा।

**भूत :** संकट! कैसा संकट?

**नामा :** चमत्कारों का!

**भूत :** उसमें कैसा संकट? उसमें तो मज़ा आता है।

**नामा :** नहीं, मुझे डर लगता है।

**भूत :** कैसा डर?

**नामा :** मेरी समझ में नहीं आता, पर जी को चैन नहीं। लगता है, सबकुछ झूठ है। बनावटी है। अंजाम अच्छा नहीं होगा।

**भूत :** तू ही तो मुझे आदेश दे रहा था कि नए चमत्कार चाहिए, पुराने नहीं चलेंगे।

**नामा :** अज्ञान में खुशी थी।

**भूत :** तो अब क्या ज्ञानी बन गया है?

**नामा :** नहीं, पर मुझे अपने अज्ञान का ज्ञान हो गया है। ये मेरे बस का काम नहीं। मुझ...मुझसे ये नहीं होगा।

**भूत :** ऐसे आधा खेल छोड़कर मत जा। अभी तो खेल रँगने

लगा है। अभी ही दाँव छोड़ दोगे?

**नामा :** खेल जानलेवा है।

**भूत :** मैं तेरे पीछे हूँ। फिर वो है—तुम्बाजी। जटायु नाम का केसरी बन्दर है। खेल रंग लाएगा। तेरा उत्कर्ष अभी तो शुरू हुआ है। लोकप्रियता का शिखर दिखने लगा है। अब खुशहाली ही खुशहाली आगे बिछी हुई है—कनक, कान्ता...

**नामा :** मुझे उस रास्ते से नहीं जाना।

**भूत :** सारे रास्ते आखिर एक ही रास्ते को जाकर मिलते हैं। ये सड़क, वो सड़क, ये फर्क तो नामर्द शकखोरों ने किया है। महत्त्वपूर्ण क्या है—जब तक साँस में साँस है तब तक सारे भोग, भोग लेना। तुझे बताता हूँ, मरने पर पछताने का कोई मतलब नहीं। मानव-जन्म आसान नहीं।

**नामा :** पैरों-तले से जैसे बालू खिसक रही है...!

**भूत :** झूठा डर। तेरा उत्कर्ष होने के बाद मेरा खेल खत्म। फिर तू और तेरी एकतारी। एक बार भर-भरके सुख जी ले, फिर मरने तक चाहे तो वैरागी की तरह जी। मैं चला जाऊँगा अपने पेड़ पर; पर मेरी इतनी इच्छा तो तुझे पूरी करनी ही होगी।

**नामा :** मुझे छुड़ा।

**भूत :** पकड़ा कहाँ है जो छोड़ूँ? उलटे मैं ही तुझ पर टँगा हूँ। ऋद्धि-सिद्धि ही हाथ बाँधे तेरे आगे खड़ी होनेवाली हैं, पर उसके लिए तड़प मैं रहा हूँ रात-दिन। देख नामा, अब इतनी-सी बात को लेकर खेल मत बिगाड़। थोड़ा धीरज धर। खेल पूरा होने दे। मैं गुस्सा नहीं करूँगा। मेरे लिए तू इतना भी नहीं करेगा?

*[नामा चुप। भूत खुशी में अदृश्य हो जाता है।]*

**नामा :** *(अन्तर्मन से आर्त पुकार)* पांडुरंगा!

## दृश्य : चार

*[दृश्य बदलता है।*

*एक अँधेरा कमरा। पांडुरंग के वेश में जटायु आता है। आशीर्वाद देने की मुद्रा में हाथ ऊपर करता है।]*

**जटायु :** *(हाथ ऊपर धरके)* पांडुरंग का ये ढोंग रचाते-रचाते तंग आ गया हूँ। पैरों-तले की ईंट सिर पर मार लेने का दिल करता है। फिर असली खेल के वक्त कुछ ग़लत हो गया तो समझो, मर गया। भगवान का ढोंग खुल गया तो पाखंडी कहकर लोग राक्षस-जैसे टूट पड़ेंगे। फिर तो हड्डी भी सलामत नहीं बचेगी। मैं कहता हूँ, हमारे गुरुमहाराज को कहाँ से चमत्कारों पर बन्दी डालने की दुर्बुद्धि सूझी? और मुझ पर ये जोखिम डालने के बजाय हमारे उपगुरुमहाराज खुद ही क्यों नहीं ये स्वीकारते? कल्पना उनकी, तो वे ही क्यों नहीं अमल में लाते? पर प्रतिभाशाली इनसान की ये भी एक खासियत होती है। अपनी ज़िम्मेदारी दूसरे पर धकेलने जितना प्रतिभाशाली तो वह निश्चित होता है। नहीं तो मैं! पर जाने दो। कहीं आत्मनिन्दा से भगवान का रूप न बिगड़ जाए। पांडुरंग या विठ्ठल जैसा निर्विकार दिखना चाहिए। चलिए, ढोंगी विठ्ठल, शुरू करो अपनी रट। ये मैं ऐसा यहाँ से आकर प्रकट होता हूँ। ये ऐसे हाथ। ऐसा चेहरा, ऐसी गर्दन, ऐसे पैर। ईंट पर खड़ा, कटि पर हाथ। फिर आशीर्वाद। उसके बाद अन्तर्ध्यान का नाटक। पीछे से पीछे प्रयाण। ये सबसे मुश्किल। पीछे देखे बगैर चलते जाना। यानी सीधे सिर फूटने की सम्भावना। विठ्ठल का मोक्ष। वो भी सबके सामने हुआ तो फिर कुछ देखने की ज़रूरत ही नहीं। *(काँपता है)* हूँ! फिर से एक बार। *(नए सिरे से विठ्ठल का अभ्यास शुरू करता है।)*

*[पीछे भूत प्रकट होकर खड़ा है। जटायु का अभ्यास शान्ति से देख रहा है।]*

**तुम्बाजी :** बेटा जटायु, कहाँ तक पहुँचा अभ्यास?

**जटायु :** गले तक। नहीं, चल रहा है...ये क्या...चल ही रहा है।

**तुम्बाजी :** एक बार करके दिखा तो।

*[जटायु शुरू हो जाता है।]*

छीः-छीः-छीः-छीः! क्या ये तेरा रूप? क्या तेरी चाल, क्या तेरा खड़ा रहना? ये क्या पांडुरंग है या उसका मज़ाक?

**जटायु :** *(दर्शकों से)* पांडुरंग का है या नहीं, पता नहीं, पर मेरा मज़ाक ज़रूर है। साधना करने के लिए इनके पंथ में शामिल हुआ और बहुरूपिया बन गया। नसीब का लिखा...और क्या? उपगुरुदेव, आप ही एक बार फिर से करके दिखाइए।

**तुम्बाजी :** ध्यान से देख, मैं कैसे करता हूँ। भगवान का ढोंग करना इतना आसान नहीं।

*[तुम्बाजी पांडुरंग का रूप धारण करके एंट्री दिखाने लगता है। भूत को तुम्बाजी या जटायु देख नहीं पाते, वह बीच में ही पाँव डालकर तुम्बाजी को ज़मीन पर गिरा देता है। जटायु हैरान। खुश भी।]*

*(हैरान होकर कपड़े झाड़ते हुए)* लगता है, पैर फिसल गया। देख, मैं फिर से करके दिखाता हूँ।

*[फिर से वही होता है। भूत बीच में टाँग अड़ाकर तुम्बाजी को फिर से ज़मीन पर गिरा देता है।*

*अब तुम्बाजी को और भी अचरज होता है कि वह गिरा कैसे?*

*वह या जटायु भूत को देख नहीं पाते। जटायु पल-भर*

*के लिए खुश होकर फिर गम्भीर चेहरा बना लेता है।]*

**जटायु :** उपगुरुदेव का पैर फिर से फिसल गया।

**तुम्बाजी :** बिलकुल नहीं।

**जटायु :** तो फिर ये...

**तुम्बाजी :** ज़मीन पर छोटा गड्ढा था, पहले दिखा नहीं। अब देख।

*[सँभलकर एंट्री लेता है और भूत पहले से भी और ज़्यादा सफ़ाई से उसे गिराता है।*

*जटायु ताली बजाने को आतुर, पर ख़ुद को सँभाल लेता है।]*

*(तुम्बाजी जैसे-तैसे खड़ा होता है)* ओए, ओए...वो क्या है कि कैसा और क्या होना नहीं चाहिए, ये मैं तुम्हें दिखा रहा था!

**जटायु :** *(झूठी गम्भीरता से)* आया समझ में। कहीं चोट तो नहीं लगी न उपगुरुदेव को?

**तुम्बाजी :** *(शक और सम्भ्रम से इधर-उधर देखते हुए)* अब मैं दिखाता हूँ, कैसे होना चाहिए। ध्यान से देख। थोड़ी भी गड़बड़ की तो सब बर्बाद हो जाएगा। रूप ऐसा ही हू-ब-हू लगना चाहिए।

*[इस बार काफी सावधानी बरतकर एंट्री लेता है, फिर भी ज़मीन पर गिर जाता है। भूत उसे गिराता है।]*

*(कराहते हुए)* कुछ तो गड़बड़ है, इसमें कोई शक नहीं।

**जटायु :** *(उन पर लगी धूल झाड़ते हुए)* कैसी गड़बड़ उपगुरुदेव?

**तुम्बाजी :** कुछ तो...बीच में आया। चलते वक्त बीच में ही ऐसे... ऐसे...

**जटायु :** ऐसे क्या उपगुरुदेव?

**तुम्बाजी :** पर यहाँ तो कुछ भी नज़र नहीं आता!

**जटायु :** मैं हूँ न!

**तुम्बाजी :** *(गुस्से में)* तुझसे नहीं कह रहा हूँ मैं, तू चुप रह! और तालीम कर।

**जटायु :** पर आप...निर्देशन देनेवाले थे...यह सब कैसे करना चाहिए, उसका।

**तुम्बाजी :** समझ ले, मैंने दे दिया। अरे पांडुरंग जैसा दिख गया तो बस। हाँ, वो ज़रूरी है। उसमें मुश्किल कुछ नहीं। कर, कर तू। अभ्यास कर। *(अपने शरीर पर धारण की हुई पांडुरंग की एक-एक चीज़ लौटाने लगता है)* मन लगाकर कर। पांडुरंग होने के लिए स्वभाव कैसा उन्नत होना चाहिए...

*[भूत उसे झटका मारता है और उससे वह लड़खड़ाता है।]*

**जटायु :** उन्नति कुछ ज़्यादा ही हो गई। लगता है...

*[तुम्बाजी अब शक से इधर-उधर देखने लगता है।]*

**तुम्बाजी :** जरूर कोई है।

**जटायु :** कौन होगा? *(दर्शकों से)* खुद पांडुरंग तो नहीं न? बाप रे! *(तुम्बाजी से)* कोई नहीं है, महाराज। यहाँ तो कोई नज़र नहीं आता।

**तुम्बाजी :** *(आँखें फाड़कर इधर-उधर देखता है)* बेशक कोई...तू कर तो अभ्यास। देखता हूँ, अब कैसा करता है।

**जटायु :** *(टालमटोल करते हुए)* मैं...नहीं, बाद में...कर लूँगा...

**तुम्बाजी :** अभी। इसी वक्त। इसी पल। हूँ। चल। देखने दे मुझे। *(एक तरफ बदन की चोट सहला रहा है।)*

*[जटायु जान डालकर अभ्यास करता है, पर भूत उसे कुछ भी नहीं करता। जटायु को भी आश्चर्य होता है।]*

**तुम्बाजी :** *(नर्वस)* हँ! ठीक है, पर और सहज होना चाहिए। *(शक*

*से इधर-उधर देखता है)* पांडुरंग बनना आसान नहीं। बहुत बड़ी ज़िम्मेदारी है तुझ पर, समझा?

**जटायु :** जिसमें हो बड़प्पन, उसे यातनाएँ कठिन...फिर बड़प्पन उधारी का ही क्यों न हो।

*[जटायु तालीम करने लगता है। तुम्बाजी देखता है।]*

**भूत :** मेरी महत्त्वाकांक्षा को अपनी होशियारी से काट देने की इच्छा रखनेवाली इस जोड़ी को पता नहीं कि उनका ये गुप्त कार्य-स्थान मुझे पता है। जी करता है कि छत का एकाध खम्भा खींचकर दोनों को धो दूँ। पर फिर से बेसब्र होने से फ़ायदा नहीं।

**तुम्बाजी :** ठीक है। ऐसे ही वहाँ करना। थोड़ा भी डरना नहीं, उलझना नहीं। ध्यान में रख—तू पांडुरंग, विठ्ठल है। कौन है?

**जटायु :** मैं मूर्ख हूँ। नहीं, मैं विठ्ठल एवं पांडुरंग हूँ।

**तुम्बाजी :** शाबाश! राज़ अच्छी तरह छिपाए रख। इस कान का उस कान को पता नहीं चले। अब सीधे खेल—चमत्कारों का चमत्कार!

*[तुम्बाजी हथेली आगे कर ताली बजाने के लिए कहता है। पहले तो जटायु अपनी हथेली आगे नहीं करता, फिर उसकी हथेली पर अपनी हथेली रखकर ताली बजाता है। दोनों जाते हैं। कीर्तन के लिए आनेवाला एक गुट धीमी रोशनी में ही रंगमंच पर आता है। आपस में बातें करता रहता है। पहले खुसर-फुसर, फिर आवाज़ में। एक कोने में भूत खड़ा है।]*

**आदमी-1 :** सब ढोंग। हाथ की चालाकी।

**आदमी-2 :** केवल जादू।

**आदमी-3 :** झूठा चमत्कार नहीं तो और क्या?

**आदमी-1 :** कलई खोलनी चाहिए।

**आदमी-3 :** लोगों के सामने नंगा कर देना चाहिए।

**आदमी-2 :** इस बार ऐसा करेंगे, अलग-अलग जगह पकड़ेंगे।

**आदमी-1 :** नज़र रखनी है।

**आदमी-3 :** सही वक्त पर हमला करने का। हाथोंहाथ पकड़कर लोगों को दिखा देने का।

**आदमी-2 :** कि सबकुछ नाटक है। दैवी चमत्कार-वमत्कार झूठ। ये सिर्फ़ नज़रबन्दी है।

**आदमी-1 :** भगवान नहीं, नसीब नहीं। कर्ता इनसान! करवानेवाला इनसान ही!

**आदमी-3 :** हो जाने दो। तू वो कोना पकड़। मैं यहाँ ठहरता हूँ और आप उधर वहाँ छिपकर बैठ जाइए।

**आदमी-2 :** तो तय रहा।

*[भूत उनके बीच से घूमते हुए उन्हें गौर से देखता है और फिर सीढ़ी की ओर आता है। सभी बिखर जाते हैं। अब रंगमंच पर भक्त इकट्ठे हैं। बिखरे हुए लोग उनमें शामिल हो जाते हैं। भक्त दर्शकों की तरफ पीठ किए रंगमंच पर आकर नामसंकीर्तन शुरू करते हैं।]*

**सभी लोग :** *(एक स्वर में)* जय हरि विठ्ठल! श्रीहरि विठ्ठल!

*[नामसंकीर्तन तेज़ होता है और नामा आता है। साथ में तुम्बाजी, पीछे पत्नी। पत्नी भीड़ में शामिल हो जाती है। नामा और तुम्बाजी अपने स्थान पर जाकर खड़े-खड़े नामसंकीर्तन में शामिल हो जाते हैं। इनका दर्शकों की तरफ़ मुँह है। नामा पूरी तरह से मग्न।*

*नामसंकीर्तन पर भक्तों की ताली की लय। लय भी अब बढ़ने लगी है। इसी के नशे में सभी झूम रहे हैं। नामा आँखें मूँदे नामसंकीर्तन कर रहा है।*

*तुम्बाजी मग्नता तो दिखा रहा है पर पूरी तरह से सतर्क है। अब एक विंग से पांडुरंग के रूप में जटायु रेंगते-रेंगते श्रोताओं के पीछे प्रकट होने की जगह पर जाकर पहुँचता है। पोज लेकर खड़ा हो जाता है। नामसंकीर्तन ज़ोरों से चल रहा है।*

*सही वक्त आते ही तुम्बाजी प्रकट हुए पांडुरंग की ओर भक्तों का ध्यान खींचता है। भक्तों में खलबली मच जाती है। सारे हड़बड़ाकर उठते हुए पांडुरंग को देखने लगते हैं। नामा सामने खड़े पांडुरंग को देखकर दंग रह जाता है। मूढ़। उलझन में। उसको इसका मतलब ही समझ में नहीं आता। तुम्बाजी की खुशी की कोई सीमा नहीं। सीढ़ी पर बैठा भूत यह सब देख रहा है।]*

**तुम्बाजी :** साक्षात् पांडुरंग पधारे! ओ-हो-हो! अजब लीला।

*[औरों की तरह नमस्कार करके खड़ा हो जाता है। गाने लगता है। 'बोलो–विठ्ठल-विठ्ठल, पधारे रखुमावर।' सभी उसके साथ गाने लगते हैं–झाँझ और मृदंग की लय पर। विठ्ठल एवं पांडुरंग, ईंट पर खड़ा, कटि पर हाथ, तरीके से नाचने लगता है। छिपे हुए आदमी-1-2-3 'झूठ, बनावटी' चिल्लाते हुए पांडुरंग की दिशा में भागते हैं। पांडुरंग डरकर भाग जाता है। भगदड़। रंगमंच पर चिल्लपों। भूत और नामा मात्र अविचल खड़े हैं। आदमी-1-2-3 अब पांडुरंग का रूप उतारे हुए अधनंगे जटायु को विंग से उठाकर लाते हैं। जटायु गिड़गिड़ा रहा है। विनती कर रहा है।]*

**आदमी-1 :** लोगो, देखो चमत्कार! ये पांडुरंग नहीं, साधारण पांडु है। इस धोखेबाज़ संन्यासी ने इसे पांडुरंग बनाकर हमें बनाने

की कोशिश की है। ये हमारी भक्ति का अपमान है। हमारे जैसों की श्रद्धा का ग़ैरफ़ायदा उठाकर अपना उल्लू सीधा करनेवाले ये ढोंगी लुच्चे हैं। अब तो कम-से-कम सावधान हो जाइए।

*[जटायु को बहुत मार पड़ती है। तुम्बाजी सटकने की कोशिश करता है, लेकिन...]*

**आदमी-2 :** *(उसे देखकर)* वो देखो...पकड़ो...पकड़ो उसे छोड़ना नहीं, सबक सिखाओ...

*[लोग तुम्बाजी को घेर लेते हैं।]*

**तुम्बाजी :** *(दाढ़ी फैलाकर)* हाँ, मेरे बदन को जो हाथ लगाएगा, जलकर भस्म हो जाएगा! *(ज़ोर-ज़ोर से एक मंत्र बुदबुदाने लगता है। लोग डर जाते हैं।)*

**आदमी-2 :** *(आगे बढ़कर उसे पकड़ता है)* कहाँ भस्म हुआ? चल, भस्म करके दिखा!

**आदमी-3 :** ढोंगी साला। ग़रीबों को फँसाकर पेट भरता है?

*[यह सब देखते हुए भूत सीढ़ी के पास खड़ा है।]*

**आदमी-1 :** इन सबको सबक सिखाना चाहिए। *(अब नामा की ओर मोर्चा घुमाकर)* और वो...इन सबका मुकुटमणि! चमत्कारों की हाथचलाकी करके अपनी सन्तगीरी चला रहा था। पकड़ो साले को!

*[नामा भागने की कोशिश भी नहीं करता। उसी जगह पर खड़ा है। सुन्न। नामा की पत्नी भय से अवाक्! आदमी-3 आकर नामा को पकड़ता है। खींचता है।]*

**आदमी-3 :** दिखा अपना चमत्कार! दिखा! देखूँ, क्या करता है जोगी!

*[नामा की शारीरिक खींचतान शुरू होती है। नामा बिना किसी शिकायत के किसी भी तरह का प्रतिकार*

*किए बगैर खड़ा है। और अब आदमी-1-2 नामा पर टूट पड़ते हैं। फिर बाकी लोग भी उसे पीटने लगते हैं।*

*नामा की पत्नी चिल्लाकर उसे छुड़ाने जाती है। लोग उसे दूर कर देते हैं। भीड़ में भारी जोश है। लगता है, जैसे लोग नामा को मार ही डालेंगे।*

*भूत अपनी जगह से गायब।*

*नामा की पत्नी की चीख-पुकार जारी है।*

*भीड़ के घेरे में से नामा की दहाड़—हुँः ऽऽ!*

*नामा को पीटनेवाली भीड़ एकदम से बिखर जाती है। नामा एकदम बदला हुआ दिखता है। तप्त चेहरा। आक्रामक मुद्रा। यह नामा है फिर भी नामा नहीं। भूत की तरह पोज।]*

**नामा** : *(बदला हुआ)* हाथ लगाया तो टुकड़े-टुकड़े कर दूँगा एक-एक को! खबरदार! *(एकतारी किसी शस्त्र की तरह पकड़ी हुई)*

*[सारे लोग इस आक्रामक मुद्रा से डर जाते हैं।]*

**आदमी-1** : देखते क्या हो, मारो साले को!

**नामा** : *(गर्जना)* जिसने अपनी माँ का दूध पिया है, आ जाओ मेरे सामने।

*[नामा आदमी-2 को एक थप्पड़ लगाता है तो वह लड़खड़ाकर दूर जाकर गिरता है।]*

आओ, कौन आता है, आओ! है कोई माई का लाल? है?

*[नामा के इस रूप से सारे ही डरे-सहमे खड़े हैं।]*

**जटायु :** *(कृतज्ञता से)* गुरुदेव...

**नामा :** *(उग्र मुद्रा)* चुप! पांडुरंग का ढोंग रचनेवाला पापी पाखंडी, मुँह तोड़ दूँगा!

**तुम्बाजी :** *(जटायु से)* वैसे भी तुझे बीच-बीच में *(टाँग अड़ाने)* मुँह डालने की...

**नामा :** *(तुम्बाजी से)* मुँह बन्द! एकदम बन्द! चालबाज़ ढोंगी संन्यासी कहीं का! चला जा यहाँ से! *(उसकी ओर दौड़कर जाता है, लेकिन जटायु और तुम्बाजी भाग खड़े होते हैं। नामा अपने स्वभाव से विपरीत ज़ोर-ज़ोर से हँसता है।)*

**पत्नी :** *(डरकर)* इन्हें ये अचानक क्या हो गया? मुझे तो बाबा, डर लग रहा है!

**नामा :** *(उग्र चेहरे से)* डरने की ज़रूरत नहीं। नामा एकदम ठीक है।

**पत्नी :** *(चौंककर)* क्या कहा?

**नामा :** *(जीभ चबाकर)* मैं ठीक हूँ...*(थोड़ी दूरी पर छिपे बैठे आदमी-1, 2 और 3 से)* तुम लोग चमत्कारों में विश्वास नहीं करते न? ये देखो चमत्कार! *(हाथ हिलाता है–बिजली कड़कड़ाने लगती है, बारिश की आवाज़। फिर हाथ हिलाता है–सब बन्द।)* और देखो। *(हाथ हिलाता है–एकदम करीब से जानवरों की दहाड़। सब डर जाते हैं। हाथ हिलाता है–सब बन्द।)* और देखो! *(हाथ हिलाता है–पायल की नाजुक छमछम रंगमंच की एक तरफ़ से आकर दूसरी तरफ़ चली जाती है। कोई नज़र नहीं आता। सारे इस चमत्कार से दंग रह जाते हैं।)* और देखो। *(हाथ हिलाता है–आग लगती है। हाथ हिलाता है–आग पल में बुझ जाती है।)* करो छानबीन! दिखाओ, इसमें क्या झूठ है! कायरो, तुम लोगों का बुद्धिवाद ही झूठ है, क्योंकि अपनी मुट्ठीभर बुद्धि से तुम दुनिया की विशाल पहेली सुलझाने चले हो। तुम्हारे जैसे घमंडी अन्धे

ये कभी नहीं मानेंगे कि इस रत्तीभर की बुद्धि की समझ से परे भी कुछ हो सकता है। अपनी आँखों के ढाँचे फैलाकर दैदीप्यमान सच्चाई की तुम छानबीन कर रहे हो! सच्चाई ये है कि सच्चाई ने तुमको कब की टाँग मारी है। सच्चाई ये है कि मरने के बाद तुम सत्यशोधक पिशाच बनकर घूमोगे क्योंकि सभी घमंडी अन्धों का यही अन्त होता है। तब शायद तुम अन्तिम सच्चाई जान जाओ पर तब तक बहुत देर हो चुकी होगी। *(ज़ोर-ज़ोर से हँसता है)* तब देर हो गई होगी! आओ, तुम्हारे स्वागत की खासी तैयारी है। तुम्हारे स्वागत के लिए सारी अतृप्त वासनाओं की पताकाएँ वहाँ सजाई हैं! तुम्हारे पूर्वज वहाँ तुम्हारी ही राह देख रहे हैं, आओ! उसके लिए देर क्यों? ये मन्दिर गिराकर अभी ही तुम्हें मोक्ष दिलाता हूँ...*(हाथ हिलाता है। जिस तरह मन्दिर काँपने लगता है, उसी तरह सब लोग हिलने लगते हैं। भगदड़।)*

**पत्नी :** *(डरी हुई)* ऐसा भी क्या? आप...आप ही हैं न जी?

**नामा :** क्यों?

**पत्नी :** आप...आपके जैसे नहीं लग रहे हैं...यानी आप ही हो... हाँ...ऐसे शेर की तरह दहाड़ते हुए मैंने कभी देखा नहीं था आपको...

*[नामा शेर की तरह घूमने लगता है।]*

**पत्नी :** इस तरह आप कभी नहीं घूमते थे।

*[नामा चौंककर घूमना बन्द कर देता है।]*

**नामा :** भूख लगी है मुझे। खाने को दे।

**पत्नी :** यहाँ? यहाँ कहाँ से आएगा खाना?

**नामा :** ठीक है, मैं पैदा करता हूँ। *(हाथ हिलाता है—खाना आता है। वह खाना खाने लगता है।)*

**पत्नी :** *(चौंकती है)* हे भगवान!

*[नामा भुक्कड़ की तरह खाना खाने लगता है।]*

कितना खा रहे हैं! आप इतना कभी नहीं खाते थे।

*[नामा चौंककर खाना रोक देता है।]*

*(चिल्ला-चिल्लाकर)* ज्यादा तेज भूख लग गई लगता है! भूख लगती है इनसान को। आप तो चमत्कारी थे। क्या-क्या करते हैं आप! कभी-कभी लगता है, कैसा जबर्दस्त आदमी है मेरा पति। कभी डर लगता है—क्यों, समझ में नहीं आता।

**नामा :** अब डरने की बात नहीं। एकदम उत्कर्ष! आज के बाद सबकुछ मैं चलाऊँगा। मैं तय करूँगा। जो भी हो, नामा के तरीक़े से यह नहीं निभेगा।

**पत्नी :** *(चौंककर)* क्या कहा?

**नामा :** वही। उसके तरीक़े से नहीं निभेगा। तरीक़ा बदलना पड़ेगा।

**पत्नी :** *(शक से)* आप ऐसा कभी नहीं बोलते...

**नामा :** *(गुस्से से)* क्योंकि मैं नामा नहीं हूँ!

**पत्नी :** *(हड़बड़ाकर)* क्या? हे भगवान! आप..वो...नहीं?

**नामा :** *(ईमानदारी से)* हाँ, मैं वो नहीं। मैं विठ्ठल नाम का भूत हूँ। नामा के शरीर में मैंने प्रवेश किया है।

*[पत्नी पूरी तरह से घबरा जाती है।]*

पर चिन्ता मत करो। नामा के उत्कर्ष के लिए मजबूरी में मुझे ये सब करना पड़ा। उत्कर्ष होते ही मैं ये शरीर छोड़कर चला जाऊँगा।

*[पत्नी रोने लगती है।]*

रो मत। तुझे अमीरी चाहिए न, बड़ा घर चाहिए न, नौकर-चाकर चाहिए न, दरवाज़े पर घोड़ागाड़ी चाहिए न—तो फिर मुझे ये सब करना पड़ेगा।

**पत्नी :** मुझे ये सब नहीं चाहिए। मुझे आप चाहिए। आप मतलब...वो...भूत नहीं...मुझे आप चाहिए। *(बहुत मुश्किल से नाम लेती है)* नामा, मैं ग़रीबी में रह लूँगी। झोंपड़ी में जी लूँगी। घोड़ागाड़ी किसलिए? ये पैर दिये हैं न भगवान ने। पर आप रहिए। भूत को निकाल दीजिए। भगवान की कसम, मुझे कुछ नहीं चाहिए। मुझे आप चाहिए—मेरे नामा...!

*[रोती ही जा रही है।]*

**नामा :** *(नामा में बैठा भूत, थोड़ी चुभन के साथ)* तू ही तो कह रही थी कि तुझे ये सब चाहिए...!

**पत्नी :** मैं पागल हो गई थी। अब अक्ल आई है। मुझे मेरा पति चाहिए। *(अचानक)* मेरे पति के बदन से निकल जा कायर... *(चूड़ियाँ पीछे सरकाकर सामना करने के लिए खड़ी हो जाती है। नामा पर हमला करती है।)*

**नामा :** *(पीछे हटते हुए)* अरे...अरे...*(एकदम उग्रता से)* हाँ! हाथ तो लगा तू, हाथों को जलाकर राख कर दूँगा! *(पत्नी पीछे हट जाती है)* मेरी शक्ति का अन्दाजा नहीं तुझे। मैं जबर्दस्त भूत हूँ।

**पत्नी :** *(पूरी तरह से डरी हुई)* बाबा रे बाबा। पकड़ा...पकड़ा... मेरे पति को पकड़ा जी...भूत ने...*(चिल्लाते हुए भाग जाती है।)*

*[अब नामा के पीछे से भूत प्रकट होता है। भूत के निकलते ही नामा थका-थका-सा लगता है। उसकी सारी ताक़त जैसे खत्म हो गई हो!]*

**भूत :** *(त्रस्त)* तेरी तरह ही तेरी पत्नी बुद्धू है। ख़ुद का फ़ायदा उसे नहीं सुहाता। अब जाकर पूरे गाँव में चिल्लाएगी कि नामा को भूत लग गया। यानी वाट लग गई।

*[नामा हाँफ रहा है।]*

अरे जा...उसे पकड़कर ला...समझा उसको।

**नामा :** मुझमें ताक़त नहीं।

**भूत :** तू क्या मच्छर है, जो ताकत नहीं? कुछ करना होगा—उसको चुप कराना होगा।

**नामा :** *(हाँफते हुए)* थक गया।

**भूत :** साला, इतने में ही हाँफने लगा? अभी हुआ ही क्या है? अभी तो बहुत होना बाक़ी है।

**नामा :** पांडुरंग!

**भूत :** भीड़ तो तुझे मार ही डालती, इसीलिए मजबूरी में तेरे बदन में घुसना पड़ा। तुझे बचाने के लिए तुझ पर सवार हो गया।

**नामा :** *(भावोद्वेलित होकर)* मर गया होता तो छूट जाता।

**भूत :** शरम नहीं आती, ऐसा कहते हुए? मरने के लिए आदमी जन्म लेता है? उसे जीना होता है, मर-मरकर जीना होता है। सारी वासनाएँ जी भरके पूरी करने के सपने देखते हुए वह बड़ा होता है। आदमी है या कुछ और है? मरने पर पता चल जाएगा, मौत क्या होती है! उठ! काम में लग। पहले पत्नी के पीछे भाग...उसे समझा...जा...जा...!

*[नामा घायल होकर बैठा है।]*

अरे जा, जल्दी कर...।

*[नामा को आगे करके पीछे से भूत जाता है।*

*बैंडेज बाँधकर जख्मी तुम्बाजी और जटायु कराहते हुए आते हैं।]*

**जटायु :** उपगुरुदेव, गुरुदेव को अचानक क्या हो गया? उनके बदन में उनका वो...अपना वो...संचार हुआ हो, ऐसे वे एकदम से उग्र बन गए और देखते-देखते...मुझे लगा, मैं ही भागा, पर आप भी मुझसे तेज़ भागते हुए मेरे पीछे

आए। यानी इसमें भी आप मेरे गुरु हो! मैं तो मरने ही वाला था, उपगुरुदेव की वजह से जी गया...यानी भागने का समय तो मिला। ओ माँ! *(एक बैंडेज ऐसे थामता है, जैसे दर्द हो रहा हो!)*

**तुम्बाजी :** ओ-हो-हो-हो... *(दुखनेवाला बैंडेज दबाकर पकड़ता है)* तेरे से तो मुझे कम मार पड़ी...फिर भी दर्द तो दर्द ही होता है। ओए! मैं तुझे बताता हूँ, उसमें विठ्ठल नाम के पिशाच का संचार हुआ और वो एकदम से बदल गया। यकीनन उसके ज़रिए पिशाच बोल रहा था। उसका रूप ही बता रहा था—आवाज, चेहरा, आँखें...

**जटायु :** भयंकर! अभी भी याद करता हूँ तो थरथर काँपने लगता हूँ। *(काँपने लगता है, फिर से बैंडेज दबाता है)* काँप भी नहीं सकता, ओ माँ...

**तुम्बाजी :** इसीलिए अध्यात्म अपनाना चाहिए। दर्द करनेवाला हिस्सा अपना नहीं...ऐसे मानकर जीना आना चाहिए... आय! *(बैंडेज दबाता है)*

**जटायु :** *(यह देखकर)* मुश्किल है! असल में पांडुरंग का ढोंग रचाने की योजना एक पागलपन ही था। ढोंग रचाने से लोग कैसे फँसेंगे? जान बची, वही बहुत है।

**तुम्बाजी :** असफल योजनाओं के बारे में कोई भी ऐसा ही कहेगा। सफल होने पर दुनिया मानती।

**जटायु :** ऐसी योजना सफल कैसे होगी? पांडुरंग क्या यूँ ही आएगा? एकदम फ़ालतू! वो अभ्यास कर-करके जान पर बन आई थी।

**तुम्बाजी :** जो बोलना है, बोल ले। मेरा संकल्प असफल हुआ इसीलिए इतना सब कहने की हिम्मत हो रही है तेरी।

**जटायु :** कुछ कम-ज़्यादा कह दिया हो तो पहले जैसे ही माफ़ी माँगता हूँ। शारीरिक दर्द से थोड़ी राहत पाने के लिए ही ये सब कह रहा हूँ मैं। तो अब आगे क्या, उपगुरुदेव?

**तुम्बाजी :** किसके आगे?

**जटायु :** अब हम कहाँ जाएँगे? कैसे जिएँगे? इस जगह पर तो अब मुँह दिखाना भी मुश्किल हो गया। मैं पिछले पाँच दिनों से छिपता फिर रहा हूँ। उपगुरुदेव, क्यों न हम अब यह देश छोड़ दें?

**तुम्बाजी :** पहली बार है इसीलिए तुझे ये सूझ रहा है। पर याद रख, बेइज़्ज़त हुए आदमी की अपने मुल्क से भाग जाने जैसी दूसरी ग़लती नहीं। वह जहाँ है, वहीं रहना चाहिए। जो होगा, उसे स्वीकार कर भोगना चाहिए—बिना नाराज़ हुए, बिना तकरार किए। उलटे ऐसे दिखाना चाहिए जैसे अपना सत्कार ही हुआ है। वक्त बीतने पर लोग भूल जाते हैं और उसे माफ़ कर देते हैं। फिर नए सिरे से उसे नामा बना सकते हैं...*(ज़बान काटकर)* यानी फिर से अपना ठीक-ठाक चलने लगता है।

**जटायु :** अनुभवी गुरुजनों की सलाह...माननी ही होगी। चलिए तो, धूर्त लोगों से सत्कार टालने के लिए एकान्तवास करें।

*[दोनों जाते हैं। जटायु आगे-पीछे देखते हुए, पीछे से तुम्बाजी ओए-ओए करते हुए। नामा की पत्नी पागलों की तरह हाथ हिला रही है। पीछे-पीछे नामा और भूत आते हैं।]*

**पत्नी :** *(यहाँ-वहाँ घूमती है जैसे कोई घोषणा कर रही है। बड़बड़ाती है।)* पकड़ा जी, पकड़ा...मेरी पति को भूत ने पकड़ा...मैं बर्बाद हो गई जी...पकड़ा जी, पकड़ा...।

**नामा :** *(भूत का पकड़ा हुआ)* देख, मैं नामा ही हूँ और तुझे ये मानना ही होगा। पत्नी को पति के बारे में शक? पतिव्रता होकर भी मेरी बात नहीं मानती। चल चुपचाप मेरे साथ घर। आती है या नहीं?

**पत्नी :** मैं नहीं आऊँगी क्योंकि तू मेरा पति नहीं है। तू भूत है—भूत। मेरे पति को पकड़ा है तूने, मुझे पता है।

*(चिल्लाती है)* भूत! भूत!

**नामा :** *(भूत का पकड़ा हुआ)* चुप कर वरना गला दबा दूँगा। चुप—एकदम!

*[मारने दौड़ता है। पत्नी भाग जाती है—'पकड़ा जी, पकड़ा' चिल्लाते हुए। भूत का पकड़ा हुआ नामा दाँत चबाता है। आँखें घुमाता है। हाथ मलता है।]*

अब अगला खेल खेलना पड़ेगा।

*[भूत का पकड़ा हुआ नामा अब कीर्तन करने लगता है। झाँझ बजने लगती है, पर साथीदार नहीं हैं। नामा के मुँह से भूत गाने लगता है। शब्दों में भक्ति, पर चेहरे पर वासना और पागलनपन।]*

अच्युत अनन्त श्रीधर माधव<br>
देवाधिदेव पांडुरंग।<br>
कृष्ण विष्णु हरि गोविन्द माधव<br>
तू ही नारायण नामधारी।<br>
मुकन्द मुरारी प्रद्युम्न केशव<br>
नामा सदाशिव शान्तरूप।

*[लोग आकर दूर कोने में गुट बनाकर खड़े हैं। इसमें नामा की पत्नी भी है। कोई नज़दीक आता नहीं। भूत नामा के मुँह से कीर्तन करते हुए बार-बार लोगों को बुला रहा है, बैठने का इशारा करता है, पर लोग नज़दीक नहीं आते, बैठते नहीं। उनके चेहरे पर डर, संकोच।]*

**नामा :** *(भूत का पकड़ा हुआ)* पुंडलिक वरदा हारी विठ्ठल! नामदेव तुकाराम!

*[लोग साथ नहीं देते।]*

*(चिल्लाकर)* अरे बोलो! बोलो मेरे साथ! बदनसीबो, तुम लोग हरिनाम नहीं लेते? नरक में जाओगे! बोलो, पुंडलिक वरदा..

*[लोग पहले जैसे तंग। डरे हुए।]*

**आदमी-1 :** *(धीरज धरकर)* राम-राम...राम-राम-राम!

*[लोग भी उसके साथ ज़ोर-ज़ोर से 'राम-राम' बोलने लगते हैं। तालबद्ध घोष। नामा में बैठा भूत घुटन महसूस करता है। तड़पने लगता है। लोगों पर हमला करने की कोशिश करता है पर कर नहीं पाता। उसकी तड़प बढ़ती जाती है। रामनाम का घोष चल ही रहा है। साथ ही एक मांत्रिक आगे आकर नामा में बसे भूत पर रामनाम जाप करते हुए मुट्ठी मारने लगता है। नामा का भूत तड़पता है। आखिर नामा 'जाता हूँ' कहकर धम्म से जमीन पर गिर पड़ता है। तभी बिजली का कड़कना सुनाई देता है। भिन्न-भिन्न तरह के भयंकर चीत्कार सुनाई देते हैं। तूफ़ान का शोर।*

*नामा के इर्द-गिर्द भीड़। खलबली। नामा की पत्नी उसे होश में लाने का प्रयास करती है।]*

**पत्नी :** अजी...उठिए...भूत गया। गया भूत। अब दोनों घर जाएँगे न! देखो, कितना थक गए...चलिए, थोड़ा खा लीजिए। मैं रोटी बनाकर परोसती हूँ...फिर सो जाइएगा शान्ति से...मैं पैर दबा दूँगी...सिर दबा दूँगी...घर चलिए...अजी...सुनते हो?

*[नामा हिलता नहीं।]*

**सभी लोग :** *(एक-दूसरे से)* ये रामनाम की लीला है। भूत भाग गया।

**पहले के शकी :** ...भूत नहीं था। नामा की ही दो प्रकृतियाँ--एक सत्

और दूसरी असत्। एक साधू और दूसरा भूत। भूत वगैरा सब झूठ। असत् प्रकृति पर सत् ने विजय पाई है, हाँ!

*[एक-दूसरे को ताली मारते हैं।]*

कुछ लोग : बिलकुल नहीं। ये रामनाम का प्रताप!

शकी : असम्भव! भूत वगैरा सब झूठ है। ये नामा के मन का खेल!

*[इनमें वाग्युद्ध शुरू हो जाता है।]*

रामनाम!
मन का खेल!
रामनाम!
मन का खेल!

*[इस शोरगुल में नामा अब उठकर बैठ जाता है, जैसे नींद से जागा हो! शोर करनेवालों को देखता है। यह अब नामा ही है। भूत नहीं। शोर चल ही रहा है।]*

रामनाम!
मन का खेल!
तुम पाखंडी!
तुम अंधविश्वासी!
तुम पापी।
तुम मूर्ख।

*[नामा उठकर खड़ा होता है।*

*अब तक आरोप-प्रत्यारोप करनेवाले पीटा-पाटी पर उतर आते हैं। नामा पत्नी का हाथ पकड़कर चल देता है। पीछे मारपीट करनेवाले आपस में तू-तू, मैं-मैं कर ही रहे हैं। फिर वे अन्दर जाते हैं।]*

## दृश्य : पाँच

*[पीछे का दृश्य बदल जाता है। अब नामा की झोंपड़ी दिखाई देती है। पत्नी और नामा आकर बरामदे में बैठते हैं।]*

**पत्नी :** मेरा सौभाग्य, मुझे आप वापस मिल गए बाबा! *(नामा से)* देखिए, हमें नहीं चाहिए पैसे, नहीं चाहिए घोड़ागाड़ी, बँगला। हमें जेवर नहीं चाहिए, नौकर-चाकर नहीं चाहिए, कुछ भी नहीं चाहिए। सुना? माया एकदम खराब। जो है उसी में सुख मानकर जीना चाहिए। ज़्यादा की भूख अच्छी नहीं—क्या?

*[नामा अविश्वास से उसकी तरफ़ देखता है।]*

*(महसूस करके)* क्या हुआ? ऐसे क्या देख रहे हैं? *(शक से)* या फिर से पकड़ा?

**नामा :** नहीं। तुम ही ये सब कह रही हो, इसीलिए देख रहा था। विठ्ठल की कृपा। तू समझदार बन गई।

**पत्नी :** भूत ने बहुत तकलीफ़ दी।

**नामा :** फ़ायदा ही किया। तुझे समझदार बनाया। मुझे सबक सिखाया।

**पत्नी :** कैसा सबक?

**नामा :** सन्तपन उधारी से नहीं आता। ईश्वर पुकारने पर नहीं मिलता। एकतारी बजाने से वैराग नहीं मिलता। उसके लिए वैसा कर्म होना चाहिए। ये सब लेकर पैदा होना चाहिए और ये किसी के हाथ में नहीं होता। बहुत कम लोगों को ये हासिल होता है। इसीलिए जन्म से जो मिला है, वो नेकी से करना चाहिए। आज से दर्ज़ी का काम शुरू।

**पत्नी :** ऐसा मत कहिए। आपको तकलीफ़ हो रही है।

**नामा :** होने दे। आदत हो जाएगी। विठ्ठल की कृपा। जिसका

जैसा पूर्वसंचित, वैसा उसका विठ्ठल। *(आह भरता है)*

*[दूसरी तरफ़ सीढ़ी पर भूत आकर बैठता है। अन्तर्मुख, अन्यमनस्क, थका हुआ लगता है।]*

**नामा :** चल, आवले...नहीं, चन्द्रभागा...अब तू चन्द्रभागा ही...घर चलते हैं। काम में लग जाते हैं।

*[दोनों उठते हैं। धीरे से झोंपड़ी में जाते हैं। अकेला भूत सीढ़ी पर बैठा है। उसके अन्तर का तूफ़ान अब सुनाई देता है। तूफ़ान बढ़ता है, कम होता है। होते-होते बेहद बढ़ता है। घूमने लगता तूफ़ान। भयंकर तूफ़ान। दिल दहलानेवाला तूफ़ान।*

*निःस्तब्ध भूत।*

*फिर भूत सीढ़ी से धीरे से उतरता है। धीरे से नाक की सीध में देखते हुए चला जाता है।*

*तूफ़ान जारी। फिर धीरे-धीरे रोशनी के साथ वह रुक जाता है।]*

**[पर्दा]**

●●●

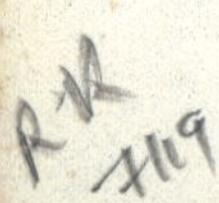